Lehrer werden!?

Rainer Löwe

Lehrer werden!?

Ein realistischer Blick auf den Lehrerberuf als
Entscheidungshilfe für potentielle Lehramtskandidaten:
Will und kann ich das wirklich?

&

Ein Alarmruf an alle bildungspolitisch Verantwortlichen:
Dringend erforderliche Maßnahmen zur Bekämpfung des
sozialstaats- und demokratiegefährdenden Lehrermangels

Aus Gründen der Vereinfachung sowohl bei der Texterstellung als insbesondere auch beim Lesen des Textes verzichte ich in diesem Buch auf die jeweilige Nennung beider Genderformen (wie bspw. »Lehrerinnen und Lehrer«, »Beamtinnen und Beamte« etc.) oder die gleichermaßen schwierig lesbare Schreibweise mit Gendersternchen wie bspw. Schüler*innen, was keinesfalls als Benachteiligung der Leserinnen verstanden sein soll – mit Bitte um Verständnis.

Anmerkungen zu diesem Buch richten Sie bitte unter Nennung Ihrer wesentlichen persönlichen Daten gern per Email direkt an mich via *lehrerwerden@t-online.de.*

Bibliografische Information der Deutschen Nationalbibliothek
Die Deutsche Nationalbibliothek verzeichnet diese Publikation
in der Deutschen Nationalbibliografie; detaillierte bibliografische
Daten sind im Internet über http://dnb.d-nb.de abrufbar.

Umschlagmotive: Designed by upklyak / Freepik, designed by macrovector / Freepik

Umschlagdesign, Satz, Herstellung und Verlag:
BoD – Books on Demand
ISBN 978-3-7504-7973-9

Rainer Löwe

Meine Entscheidung, Lehrer zu werden, habe ich niemals bereut. Ich würde sie unter den heutigen Bedingungen jedoch nicht noch einmal treffen.

Wenn der sozialstaatsgefährdende Lehrermangel effektiv bekämpft werden soll, muss sich folglich etwas an den Bedingungen ändern.

Vorabbemerkung des Verfassers zu den nachfolgenden Seiten

Kaum waren Manuskript und Layout zu diesem Buch druckfertig abgeschlossen, zeichnete sich nach Ausbruch der COVID-19-Krise zunächst ab, dass einzelne Teile aufgrund einer nunmehr veränderten Ausgangslage auch im Bildungsbereich alsbald inhaltlich überholt sein könnten. Während sich die im ersten Buchteil dargestellten Rahmenbedingungen des Lehreralltages auch nach Wiederaufnahme des krisenbedingt unterbrochenen Lehrbetriebes voraussichtlich nur unwesentlich – wenn überhaupt – ändern werden (schlimmstenfalls gar zum Negativen), bestand zunächst die Befürchtung, die im zweiten Teil formulierten monetären Forderungen an die Politik aufgrund zu erwartender veränderter politischer Prioritätensetzungen in Teilen möglicherweise modifizieren zu müssen; denn im Vordergrund allen politischen Handelns steht jetzt sicher zunächst der Wiederaufbau der Wirtschaft, um hierauf basierend die finanziellen Mittel (sprich: Steuereinnahmen) für eine materielle wie personelle Verbesserung der Lehrbedingungen überhaupt erst generieren zu können.

Gleichwohl: Je schneller dies trotz des ökonomischen Drucks einer historisch beispiellos gestiegenen Staatsverschuldung geschieht und damit der aktuelle Lehrermangel signifikant reduziert wird, desto stärker wird unser Land künftig im internationalen Wettbewerb auftreten können. Somit verliert dieses Buch durch die Corona-Pandemie inhaltlich tendenziell nichts an Aktualität. Im Gegenteil.

Leider bestand zum Zeitpunkt der Veröffentlichung keine Möglichkeit mehr, einzelne Aspekte insbesondere des zweiten Teiles punktuell umformuliert – unter Berücksichtigung einer veränderten fiskalischen Ausgangslage – anzupassen. Hierfür bitte ich um Verständnis.

Eine Forderung erweist sich aber bereits jetzt – aufgrund der Krisenerfahrung – als begründet und mehr als dringlich: die nach einer beschleunigten Entwicklung medialer Lehrmethoden; Stichwort: Digitalisierung.

Rainer Löwe

Inhaltsverzeichnis

Vorbemerkung 9

    Was ich erreichen will 9

    Was ich nicht will 14

Hauptteil I. 18

    Lehrer werden! 18

    Lehrer werden? 26

    Lehrergesundheit und -motivation 62

    Exkurs für potentielle Lehramtsinteressenten 68

Hauptteil II. 71

    Fazit: Vorfahrt für Bildung! 71

    Ergo: 86

    Anmerkung 88

    Ein semioptimistischer Blick in die Zukunft 92

Nachwort 96

Persönliche Anmerkung 97

Vorbemerkung

Was ich erreichen will

Ursprünglich als Alarmruf an alle bildungspolitisch Verantwortlichen verfasst, in welchem ich den fortgesetzten, unsere Demokratie nachweislich gefährdenden Lehrermangel für eine parteipolitische Arbeitsgruppe im NRW-Landtag begründet habe, beschreibe ich im ersten Teil dieses Buches zunächst einmal den bundesdeutschen Lehreralltag, auf welchen schließlich examinierte Lehramtsreferendare oder sogenannte Seiten- bzw. Quereinsteiger mit hoher Wahrscheinlichkeit treffen werden. Trotz meines Wohnsitzes am Niederrhein und des hierdurch bedingten Erfahrungs- und Informationsschwerpunktes Nordrhein-Westfalen ist meine hiesige Zielsetzung grundsätzlich allgemeingültig für den gesamten bundesdeutschen Bildungsraum und somit (vereinzelt evtl. mit geringen Abstrichen oder Modifikationen) auf alle Bundesländer übertragbar. Im Gegensatz zu der Vielzahl der bereits veröffentlichten sogenannten »Ratgeber für Referendare und Profis« [Norbert Golluch, Das Survival-Handbuch für Lehrer: Entspannt von Ferien zu Ferien, Kindle-Verlag 2017] bemühe ich mich mit meinen hiesigen Darstellungen um weitgehende, hier und da vielleicht auch mal subjektiv kommentierte Sachlichkeit mit möglichst hohem Informationsgehalt. Insofern sollte zumindest dieser Teil des Buches nach meinem Dafürhalten zur bundesweiten Pflichtlektüre u.a. für alle angehenden Lehramtsstudenten als Entscheidungshilfe erhoben werden, um sie vor einer eventuell falschen Berufswahl – mit möglicherweise katastrophalen psychischen (neben materiellen) Spätfolgen – zu bewahren. Insofern handelt es sich zunächst um eine umfangreiche Aufzählung möglichst aller Tätigkeitsinhalte des Lehrerberufes, folglich auch derer, die bekanntermaßen und typischerweise zum pädagogischen Berufsalltag gehören. Nach Lektüre dieses ersten Teiles sollen sie sich die Frage stellen – und natürlich auch beantworten – können: »*Will ich das überhaupt?*« oder »*Möchte ich mein zukünftiges Berufsleben als potentielles Lehrer-Bashing-Opfer verbringen?*«; denn nicht selten hört man Referendare oder Berufsanfänger stöhnen: »Hätte ich das vorher gewusst, was hier auf mich zukommt, hätte ich mich vielleicht nicht für das Lehramtsstudium entschieden.« Wohlgemerkt: vielleicht. Vielleicht aber auch doch. Oder trotzdem. Oder gerade deswegen, weil sich der Leser nicht als mögliches Opfer, sondern selbstbewusst als höchstwahrscheinlich guter und erfolgreicher Pädagoge sieht. Sehr gut dann! Solche Lehrer braucht das Land. Aber es soll mir später bitteschön niemand sagen, er sei in ein offenes Messer gelaufen, weil er die vielseitigen und vor allem umfangreichen Implikationen dieses Berufes nicht kennen konnte.

Während der zweite Hauptteil dieses Buches für angehende Lehramtskandidaten lediglich ergänzenden (dadurch aber keineswegs unwichtigen) Charakter hat, geht die eigentliche Pflichtlektüre für Politiker hier erst richtig los. Als Fazit aus dem ersten Hauptteil beschäftige ich mich hier mit der ausführlich begründeten Forderung an die verantwortlichen Bildungspolitiker nach einer deutlich spürbaren Erhöhung ihrer Investitionsbereitschaft in unsere Folgegenerationen. Dies gilt insbesondere auf Landes-, nach der Mitte 2019 mit dem *DigitalPakt Schule* (Verwaltungsvereinbarung vom 17.06.2019) endlich beschlossenen Aufhebung, zumindest aber Lockerung des Kooperationsverbotes des Grundgesetzes aber auch auf Bundesebene (die kommunale Ebene hat hier aufgrund ihrer finanziellen Abhängigkeit von der Landespolitik einen zu geringen Handlungsspielraum, als dass sie die dringend erforderlichen Maßnahmen in ihrem Zuständigkeitsbereich, vornehmlich der materiellen Versorgung, selbst tragen könnte). Lediglich als möglichst alle relevanten Bereiche umfassende Darstellung der Ist-Situation und deren sichtbarer Konsequenzen konzipiert stellt dieser Teil des Buches den Versuch eines Mittelweges dar zwischen der Komplexität des Themas *Lehrermangel* (insbes. dessen berufsspezifische Ursachen, Gefahren und Bekämpfung) und einer (vielleicht nicht immer gelungenen) Reduktion auf das Unverzichtbare unter Vermeidung von Redundanzen (weil nicht zielführend unter Verzicht einer Analyse der historischen Ursachen; Stichwort: politische Fehleinschätzungen der Schülerzahlenentwicklung). In seiner Form ist es zunächst weitgehend unwissenschaftlich gehalten, nicht immer mit konkretem Bezug auf fachspezifische Quellen bzw. empirisch belegte Daten. Die objektiven Beobachtungen, häufig gleichwohl ergänzt durch eine Auswahl aus der nahezu grenzenlos scheinenden Menge aktueller Medienberichte, allein sprechen für sich.

Ich bin mir durchaus über den allgemein beklagten Trend, den Mangel an qualifiziertem Fachpersonal nicht nur auf dem Felde der (Schul-)Bildung, sondern übergreifend in diversen bundesdeutschen Wirtschaftszweigen, in der Verwaltung, bei der Polizei, der Justiz wie insbesondere auch im Gesundheitswesen und vielen anderen sozialen Bereichen (Pflege, Kitas etc.), bewusst. Allerorts werden daher (neben den zusätzlich meist steigenden Staatsausgaben bspw. im Sozialbereich oder in der Verteidigung) auch – i.d.R. zurecht – höhere staatliche Investitionen zur Verbesserung dieser negativen Entwicklungen gefordert (z.B. durch Aufwertung insbesondere der Pflegeberufe durch bessere Bezahlung – hier spricht man punktuell bereits von Notstand; beim Lehrerberuf bin ich mittlerweile geneigt, den auch hierauf zutreffenden Notstandsbegriff gleichermaßen zu verwenden), woraus sich letztlich aufgrund des hierfür zur Verfügung stehenden staatlichen Budgets eine Art Verdrängungswettbewerb unter den jeweiligen Anspruchstellern ergibt; denn jeder möchte seinen Anteil am nationalen »Investitionskuchen« – verständlicherweise – zu seinen Gunsten (damit aber leider zum Nachteil der anderen) vergrößern.

Im Fazit begründe ich meine Überzeugung, dass nur durch die qualitative Verbesserung der Bildungsvoraussetzungen (sprich: eine deutliche Verbesserung der Arbeitsbedingungen sowie eine erhebliche Entlastung des Lehrpersonals) auch die Voraussetzungen für die Erfüllung aller weiteren – nachvollziehbaren – Forderungen geschaffen werden können, da eine gute und umfassende – und somit nicht lediglich nach den Kriterien des *Programme for International Student Assessment* (PISA) zu bewertende – Bildung als eine notwendige, wenngleich für sich allein nicht hinreichende Bedingung für die Schaffung quantitativ wie qualitativ ausreichenden Fachpersonals in allen oben angesprochenen Bereichen betrachtet werden muss.

Im *Handelsblatt Morning Briefing* vom 22.02.2019 [www.Handelsblatt. com: Vorfahrt für Bildung] fordert der seinerzeitige Wirtschaftsweise Peter Bofinger gar – mit derselben (zutreffenden) Begründung eines ansonsten drohenden Wirtschaftsabschwunges durch den Verlust an Wettbewerbsfähigkeit – ein 60-Milliarden-Investitionsprogramm für die (berufliche) Weiterbildung über eine Reform der Unternehmensbesteuerung. Die dringende Notwendigkeit einer deutlich höheren staatlichen Förderung der (hier: beruflichen, insbesondere digitalen Weiter-)Bildung stellt in derselben Ausgabe des genannten Newsletters Sven Afhüppe in einem Kommentar heraus. Auch wenn diese Forderung nicht im unmittelbaren Zusammenhang mit den hier beklagten Mängeln im allgemeinbildenden schulischen Bereich in Verbindung steht, so zeigt sie doch auch deutlich, welcher Stellenwert der Bildung, gleich ob schulischer Allgemein- oder beruflicher Weiterbildung, grundsätzlich beizumessen ist.
Wie wichtig Bildung sogar für eine zukünftige Stärkung der Europäischen Union ist, stellt die Abgeordnete im Europäischen Parlament Petra Kammerevert (SPD) heraus: »Durch eine Stärkung des europäischen Bildungsraums« [WZ, 19.02.2019].

An dieser Stelle muss jedoch – schon allein aus Komplexitätsgründen – die Frage nach der Finanzierung (nicht nur) meiner Forderungen weitgehend außen vor bleiben; deren (unter den gegenwärtigen Bedingungen vielfacher dringender staatlicher Investitionsnotwendigkeiten ohne eine – eigentlich nicht wünschenswerte – Neuverschuldung zu Lasten späterer Generationen eventuell gar nicht mögliche) Beantwortung muss der Politik bzw. den hierauf spezialisierten Ökonomen überlassen bleiben (s. hierzu gleichwohl das zusammenfassende *Fazit* sowie die *persönliche*

Anmerkung des Verfassers am Ende dieses Buches). Aus persönlicher Betroffenheit, Erfahrung wie auch Überzeugung aber messe ich dem Entgegenwirken der aktuellen Negativentwicklung im Bildungsbereich insbesondere aus gesellschaftspolitischen Gründen einen prominenten Stellenwert bei – mit der sich hieraus konsequenterweise ergebenden, insbesondere im zweiten Buchteil umfassend begründeten Forderung an die Politik nach spürbar höheren Investitionen in die Bildung; konkret: zunächst in den materiellen (im Gegensatz zum personellen) Bereich der Bildungs- bzw. Lehrbedingungen. Die personellen Zielsetzungen qua gleichermaßen wichtiger und ansatzweise bereits beschlossener Erhöhung von Lehrerstellen sowie auch der hierfür notwendigen Studienplätze sind ohne Erfüllung der materiellen Voraussetzungen nach meiner persönlichen Überzeugung nämlich nicht erreichbar.

Ein kleiner Schritt zur Finanzierung materieller Verbesserungen wäre möglicherweise die den Schulen in einigen Bundesländern (so u.a. auch in NRW) bereits ermöglichte Kapitalisierung von Lehrerstellen, dann aber nicht nur für personelle, sondern bei Nichtbesetzung der Vakanzen auch für materielle Zwecke, wie sie m.W. derzeit noch nirgendwo vorgesehen ist. Derzeit fließen mangels ausreichender oder geeigneter Bewerber nicht verwendete Mittel in den jeweiligen Landeshaushalt zurück. Ein Betrag von 60-70T € pro Stelle könnte sicher in vielen Fällen bereits eine spürbar positive Wirkung mit Blick auf eine Verbesserung der schulischen Ausstattung bzw. Arbeitsbedingungen erzielen.

Und noch eine kurze persönliche Bemerkung hierzu: Es gibt ihn nicht, den optimalen Zeitpunkt der Veröffentlichung eines auf aktuellen Daten und Trends basierenden Buches wie diesem; denn es ergeben sich permanent neue – meist leider aber nicht unbedingt positive – Entwicklungen im Bereich der bundesweiten Bildungspolitik im Allgemeinen wie auch bei der Entwicklung des hier als folgenschwer kritisierten Lehrermangels im Besonderen. Entgegen aller Befürchtungen jedoch würde es mich im

Sinne der nachfolgenden Generationen – ganz ehrlich – mehr als freuen, wenn sich die Basis meiner hiesigen Prognosen aufgrund vernünftiger politischer Entscheidungen irgendwann einmal als überholt herausstellen würde und dieses Buch sodann mangels Aktualität vom Markt genommen werden könnte.

Was ich nicht will

Falsch und kontraproduktiv wäre es, meine nachfolgenden Darstellungen als Warnung vor der Ergreifung des Lehrerberufes zu verstehen. Unser Land braucht dringend motivierte und geeignete Pädagogen. Keinesfalls will ich zudem meinen Beitrag als »Mitleidserregung für die armen, gebeutelten Lehrer« missverstanden wissen. Ich möchte hiermit lediglich einen Beitrag im Sinne eines Denkanstoßes insbesondere an die Politik liefern, dem zunehmenden alarmierenden Lehrermangel, wie er allseits (so u.a. auch auf der Kultusministerkonferenz der Länder, KMK, März 2018) moniert wird, entgegenzuwirken (jenseits der teilweise bereits eingeleiteten, in ihrer Sinnhaftigkeit an dieser Stelle nicht zu hinterfragenden personalpolitischen Maßnahmen; vgl. unten: Beispiel NRW): von den verantwortlichen Bildungsministerien und Bezirksregierungen, den diversen Lehrerverbänden [vgl. z.B. Heinz-Peter Meidinger, Präsident des DLV u.a. im Göttinger Tageblatt vom 09.08.2018], von den um die Zukunft Ihrer Kinder besorgten Eltern, den (nicht nur) durch die Personalknappheit überlasteten Lehrern und mittlerweile gar auch von Schülerseiten, wo nunmehr »die Zeiten vorbei (sind), in denen sich die Schüler über Unterrichtsausfall vor allem freuten« [vgl. Hannes Leiteritz, damaliger Generalsekretär der Bundesschülerkonferenz, ebd.] – wenn das kein Alarmsignal ist ...

Die Gewerkschaft Erziehung und Wissenschaft (GEW) spricht von 40.000 fehlenden Stellen bundesweit [vgl. z.B. *ZDF heute* vom 15.09.2018], von denen lt. dem DLV hiervon zwar 30.000 Stellen durch Pensionäre, Studenten und Quereinsteiger ersetzt werden konnten, letztlich aber noch immer 10.000 Stellen in diesem Jahr unbesetzt geblieben sind [ebd.]. Die am 12.10.2018 von der KMK veröffentlichten Zahlen [vgl. www.kmk.org/fileadmin/Dateien/pdf/Statistik/Dokumentationen/Dok_216_Bericht_LEB_LEA_2018.pdf] belegen diese Diskrepanz und der seinerzeitige KMK-Präsident Helmut Holter stellt in diesem Zusammenhang fest, dass bis zum Jahr 2030 bundesweit einem jährlichen Bedarf für die Einstellung von 31.900 Lehrern lediglich 31.200 Absolventen des Vorbereitungsdienstes gegenüberstehen. »Dies bedeute(t), dass selbst wenn alle Absolventen tatsächlich Lehrer werden, im jährlichen Durchschnitt 700 Stellen (bundesweit, d. Verf.) nicht besetzt werden« [WZ vom 12.10.2018] – die tatsächliche personelle Unterdeckung wird zweifelsfrei weit höher ausfallen.

Auf NRW bezogen ist einem Antrag der SPD-Fraktion an den Landtag zur Weiterleitung der aufgrund nicht besetzter Lehrerstellen nicht genutzten Haushaltsmittel an die Schulen [Drucksache 17/5063 vom 12.02.2019] unter dem Punkt ,Ausgangslage‘ hierzu zu entnehmen: »Im Jahre 2018 waren nach Auskunft der Landesregierung mehr als 5800 Lehrerstellen nicht besetzt. So musste Schulministerin Yvonne Gebauer vor kurzem eingestehen, dass an den Grundschulen in NRW jede dritte Stelle unbesetzt ist. Dies führt zu Unterrichtsausfall, zur Verschlechterung der Unterrichtsqualität, zu erheblichen Belastungen der Lehrkräfte und verschlechtert die Bildungschancen von Schülerinnen und Schülern erheblich. (...) Es ist momentan nicht davon auszugehen, dass der Großteil der unbesetzten Stellen kurzfristig besetzt wird.« Das war 2018. Während zum Schuljahreswechsel 2018/2019 bereits lediglich knapp 62 Prozent der in NRW offenen Stellen besetzt werden konnten, waren es nunmehr gar 58 Prozent [vgl. WZ vom 24.08.2019]. Kommentar NRW Schulministerin Gebauer am 23.08.2019: »Der Lehrermarkt ist leergefegt. (...) Wir drehen jeden Stein um, damit offene Stellen besetzt werden können« [ebd.]. Offensichtlich sind es die falschen Steine, die dort umgedreht werden, da sich hierunter nicht die so dringend benötigten Lehrer versteckt haben.

Wie dann der nunmehr für 2025 lt. Bundesbildungsministerin Anja Karliczek [vgl. WZ vom 14.11.2019] vorgesehene, von dessen Zielsetzung her sicher positiv zu bewertende Ganztag an den bundesdeutschen Grundschulen – mit entsprechend erhöhtem Personalbedarf – gestemmt werden soll, bleibt offen. Entsprechend warnen auch die Gewerkschaften, »dass 2025 nicht genug Personal da sein werde, um die Ganztagsbetreuung für so viele Kinder sicherzustellen« [WZ, ebd.]. Und die Bundesfamilienministerin Franziska Giffey rechnet damit, dass hierfür »in den kommenden Jahren bis zu eine Million zusätzliche Plätze geschaffen werden müssen«, damit der dann einsetzende Rechtsanspruch auf Ganztagsbetreuung erfüllt werden kann [WZ, ebd.]. Aber was nützen Plätze, wenn die hierfür erforderlichen Pädagogen fehlen? Da könnte also zusätzlich auch noch eine Klagewelle auf die hierfür zuständigen Länder bzw. Kommunen zukommen.

Mit der prekären Lage insbesondere an den bundesdeutschen Grundschulen befassen sich u.a. die Schulforscher Prof. i.R. Dr. Klaus Klemm und Dr. Dirk Zorn in einem Beitrag der *Bertelsmann Stiftung* »Lehrermangel an Grundschulen: Jetzt sind kurzfristig wirksame Maßnahmen erforderlich« [Gütersloh, März 2018]: »7.000 jährlichen Absolventen mit Lehrbefähigung für die Grundschule steht ein Bedarf von fast 10.000 Lehrkräften bis einschließlich Schuljahr 2020/2021 bzw. von sogar mehr als 11.000 Lehrkräften bis einschließlich Schuljahr 2025/2026 gegenüber.« Hierin wird einerseits deutlich, wie lange es i.d.R. dauert, bis sich signifikante Verbesserungen der Rahmenbedingungen »angesichts einer Dauer der Lehrerausbildung von etwa sieben Jahren« [ebd.] überhaupt auf eine evtl. Reduzierung des Lehrermangels auswirken, und andererseits, wie wenig Spielraum für kurzfristige – und pädagogisch sinnvolle – Maßnahmen besteht. Auch hierin begründet sich die in diesem Buch fortgesetzt betonte Dringlichkeit.

Ein Grund für den Lehrer- bzw. Bewerbermangel im Grundschulbereich liegt lt. Dr. Klemm [s.o.], wie er mir persönlich mitteilte, auch in den dama-

ligen Zulassungsbeschränkungen (Numerus Clausus, NC) an den bundesdeutschen Universitäten und an deren – mittlerweile überholten [vgl. o.a.
KMK-Dokument] – Bedarfsberechnungen: »Warum die Politik am NC so
lange festgehalten hat: bis Anfang 2018 stand auf der Homepage der KMK
eine Lehrerbedarfsprognose, die für 17/18 einen Grundschullehrkräfte-
überschuss von etwa 2.000 voraussagte. Vor diesem Hintergrund wurde
die NC-Politik begründet« [Klemm, 05/2019]. Die hier angesprochene
KMK-Modellrechnung für 2010-2020 aus 06/2011 ist im Internet aktuell
nicht mehr auffindbar; der Link unter www.lehrerfreund.de/schule/1s/pro-
gnosen-lehrerbedarf-2020/3942 *Modellrechnung über Lehrereinstellungs-
bedarf und Lehrereinstellungsangebot in der Bundesrepublik Deutschland*
wurde offenbar zwischenzeitlich gelöscht. Hier findet sich gleichwohl der
m.E. interessante Hinweis, die o.g. KMK-Modellrechnung weiche »von
anderen Untersuchungen ab, die aufgrund anderer Annahmen einen ab-
weichenden Lehrerbedarf prognostizieren.« Hier wäre sicher auch kurzfristig eine sich positiv auf das Lehrerdefizit auswirkende Veränderung
möglich (was mangels NC für Sek. I und II allerdings nur für den Grundschulbereich gilt).

»Der Lehrermangel an Grundschulen wird laut Bertelsmann-Studie weiter
zunehmen – auf 26.300 Frauen und Männer bis zum Jahr 2025. Die Zahl
liegt deutlich über der Schätzung der Kultusminister« [www.tagesschau.
de vom 09.09.2019].

Die Tatsache, dass sich gem. einer neueren OECD-Studie die »meisten
15-jährigen Mädchen in Deutschland (10,4 Prozent)« im Alter von 30 in
der Schule als Lehrerin wiedersehen [dpa, hier zit. nach www.shz.de vom
22.01.2020], stellt sicher keinen herausragenden Grund für der obigen
Schätzung widersprechenden Optimismus dar. Nach einigen Jahren weiterer Heranreifung und des Erkenntnisgewinns sieht das sicher nicht mehr
ganz so rosig aus. Bei den Jungen rangiert der Lehrerberuf übrigens (mit
3,8 Prozent) erst an vierter Stelle [vgl. ebd.].

Hauptteil I.

Lehrer werden!

Der Imperativteil des Buchtitels steht zunächst einmal für die Aufforderung der Politik an angehende Studenten, sich für ein Lehramtsstudium und damit für den »schönsten Beruf der Welt« [Gisa Neumann: Beruf und Berufung – 40 Jahre im schönsten Beruf der Welt, 2013; vgl. auch Dietrich von Horn: 111 Gründe, Lehrer zu sein – Eine Hommage an den schönsten Beruf der Welt, Berlin 2013] zu entscheiden; denn hier ist man sich durchaus darüber bewusst, dass sich der gegenwärtige Lehrermangel mittel- bis langfristig für die *Bildungsrepublik Deutschland** ohne eine dringend notwendige – aber welche? – Gegensteuerung sowohl zu einem gesellschaftlichen (Stichwort: der politisch mündige Bürger in der Demokratie) wie auch wirtschaftlichen Problem (steigende Qualifikationsanforderungen an die nachfolgenden Generationen) entwickeln wird. Als nunmehr negativer Höhepunkt dieser Entwicklung zeigen sich mittlerweile »Unterrichtsausfälle, als Stillarbeit getarnte Vertretungsstunden, größere Klassen und viel schlimmer: versäumter Lehrstoff. Manchmal so viel, dass Noten auf dem Zeugnis fehlen« [t-online *tagesanbruch* vom 10.08.2018] – katastrophale Voraussetzungen für eine auch weiterhin wirtschaftlich prosperierende Bundesrepublik Deutschland.

*) Weit über ein Jahrzehnt ist es jetzt her, dass Bundeskanzlerin Angela Merkel auf dem sog. *Qualifizierungsgipfel* (dem Bildungsgipfel von Bund und Ländern in Dresden ab dem 22.10.2008) das Ziel formulierte: »Deutschland wird wieder Bildungsrepublik« [www.bundesregierung.de/breg-de/service/newsletter-und-abos/rundbrief-ausbildung/bildungsrepublik-deutschland-7741 84]. Doch von der erfolgreichen Umsetzung dieses ambitionierten Vorhabens der zum Zeitpunkt der Veröffentlichung dieses Buches noch

amtierenden Kanzlerin ist die BRD offensichtlich – auch oder besonders aufgrund des akuten Lehrermangels – noch immer weit entfernt.

Für den besagten Lehrermangel (landesweit konnten bspw. in NRW zum Schuljahr 2018/19 lediglich 61,6 Prozent der offenen Lehrerstellen besetzt werden, an meinem Schulstandort Krefeld waren es gar lediglich 47 Prozent [vgl. WZ vom 20.09.2018]) und den damit verbundenen übermäßigen Stundenausfall (im Schuljahr 2017/18 laut Schulministerin Gebauer [21.12.2018] bspw. in NRW 5,1 Prozent) gibt es offenbar *drei Hauptgründe:* **a)** der seitens der einstellenden Landesregierungen häufig unterschätzte Geburtenanstieg (die Vorsitzende des Deutschen Philologenverbandes [DPhV], Susanne Lin-Klitzing, kritisiert die Länder, sie hätten »die Entwicklung verschlafen« [WN vom 12.10.2018]), **b)** der steigende Zuzug von Familien mit Migrationshintergrund (so auch der Bundesvorsitzende des Deutschen Lehrerverbandes [DL] Heinz-Peter Meidinger im *WZ Jobmagazin* vom 26.05.2018; gem. Klemm/Zorn [s.o.] »nicht nur in Folge der Flüchtlingsbewegungen«) und zudem **c)** die zu geringe Zahl an Lehramtsbewerbern im Verhältnis zum Bedarf, zumindest »unterhalb« des Gymnasial- bzw. Sekundarstufen II-Bereiches an Gesamtschulen. »Es klingt zunächst ganz gut: Stellen, um kleinere Klassen zu ermöglichen oder Stellen, um die Integrationsarbeit an Schulen zu stärken. Das große Problem ist jedoch, dass es auf dem Markt zu wenige Lehrkräfte gibt, gerade für den Sekundarbereich I und für die Grundschulen« [Stefan Behlau, NRW-Landesvorsitzender des Verbandes Bildung und Erziehung (VBE), WZ vom 27.09.2018] – und genau um die Gründe für diesen mitentscheidenden Aspekt, der im Nachhinein (in Verbindung mit einer Erleichterung des Studienzuganges durch Absenkung des NC) die noch einzige verbleibende von außen (heißt: politisch) beeinflussbare Variable darstellt, geht es in diesem Buch: Warum gibt es auf dem von Herrn Behlau hier wie u.a. auch von der NRW Schulministerin (s.o.) angesprochenen »Markt« eine derart geringe Nachfrage? Da muss doch auf der Angebotsseite etwas nicht stimmen!

Als ein weiterer, jedoch aufgrund der voraussetzungslosen Antragstellungsmöglichkeit auf Teilzeitarbeit wohl auch weiterhin unabänderlicher Grund mag in der Tatsache begründet sein, dass mit Stand 09/2019 bspw. in NRW etwa jeder dritte Lehrer in Teilzeit arbeitet – im Grundschulbereich mit 22.458 von 48.285 gar fast jeder zweite [vgl. WZ vom 10.09.2019]. Dieser zusätzliche Aspekt sei lediglich der Vollständigkeit halber angemerkt. Hier eine Gesetzesänderung mit dem Ziel einer (künftig) eingeschränkten Teilzeitgenehmigung wäre gleichwohl sicher nicht zielführend; möglicherweise gar kontraproduktiv.

Das aktuelle Missverhältnis von Bewerberüberhang im Sek. II-Bereich auf der einen Seite und der eklatanten Bedarfsunterdeckung bei den übrigen Schulen lässt zumindest die Vermutung zu, dass bei den Sek. II-Bewerbern die inhaltlichen Aspekte (Anspruchsniveau), finanzielle Kriterien (höheres Gehalt) und/oder die hier zu erwartenden geringeren »Problemfälle« ein herausragendes Entscheidungskriterium darstellen (zu Letzterem vgl. Pkt. 3.: insbesondere Motivationsmängel, Verhaltensauffälligkeiten, höhere Zahl an Schülern mit Migrationshintergrund wie auch deutlich höhere Gewaltbereitschaft [gem. einer repräsentativen *Studie zu Bedarfen von Kindern und Jugendlichen in Deutschland* im Auftrag der Bertelsmann-Stiftung, veröffentlicht in 07/2019; vgl. www.bertelsmann-stiftung.de/fileadmin/files/BSt/Publikationen/GrauePublikationen/Studie_WB_Children_s_Worlds_2019.pdf, hier: S. 37f]). Möglicherweise zählt hier bisweilen auch die geringere Wochenstundenzahl, welche gleichwohl durch einen höheren Korrekturaufwand (zumindest bei den Hauptfächern und hier insbesondere bei den Abiturkorrekturen) kompensiert wird. Um diesem Missverhältnis entgegenzuwirken, hat die NRW-SPD im Oktober 2018 einen Gesetzentwurf zur finanziellen, schulformunabhängigen Gleichbehandlung aller Lehrer in den Landtag eingebracht [vgl. z.B. https://philipp-fuer-duisburg.de/duisburger-spd-landtagsabgeordnete-gleicher-lohn-fuer-gleiche-arbeit-gleiche-besoldung-aller-lehrerinnen-und-lehrer-unabhaengig-von-der-schulform] (unberücksichtigt bleibt hierbei jedoch die Ungleichbehandlung der verbeamteten und nicht verbeamteten Lehrer). Ansatzweise wird dieses Ziel bereits in Berlin und Brandenburg umgesetzt, wo zum Beginn des Schuljahres 2019/20 die höhere Besoldungsstufe zumindest auch für Grundschullehrer eingeführt werden soll [WZ vom 05.10.2018].

Dass der Lehrermangel in den nächsten zehn Jahren die Schulen ganz unterschiedlich treffen wird, zeigen neue Modellrechnungen der Bundesländer dahingehend, als »je nach Land und Schultyp einerseits drastische Lücken und andererseits ein Überangebot an Lehrern erwartet werden. Die zentralen Befunde: Durchgängig bis 2030 sind vor allem Engpässe an Berufsschulen und Schulen der Sekundarstufe I (Haupt- und Realschulen) zu erwarten. Ebenfalls durchgängig ist deutschlandweit mit einem Überangebot an Gymnasiallehrern zu rechnen« [dpa, zit. nach WZ vom 06.12.2019].

Die Sinnhaftigkeit der diesem Phänomen entgegenzuwirkenden Maßnahmen, begleitet von einer medialen Lehrerwerbekampagne (s.u.: idealistisches Motiv), wie seinerzeit von der NRW-Landesregierung geplant (junge Lehrkräfte, die auf Sek. II studiert haben, sollen für zwei Jahre an einer Grundschule tätig werden, verbunden mit der Zusage, im Anschluss an eine Schule entsprechend ihrer Lehramtsbefähigung versetzt zu werden), bleibt insbesondere unter pädagogischen Gesichtspunkten zu bestreiten, denn die Sek. II-Ausbildung setzt auf diesem Gebiet ganz andere Schwerpunkte, so dass den entsprechend konzessionsbereiten Kandidaten hier sodann das notwendige pädagogische Werkzeug fehlt. Frustration und Versagen vorprogrammiert – mit den entsprechenden Negativfolgen für Lehrer wie vor allem auch für Schüler. Auch die weiteren Vorhaben wie die (gleichermaßen fragwürdige) Förderung von Quereinsteigern (aufgrund des Lehrermangels seien »schon Kräfte eingestellt worden, die nie ein Lehramtsstudium absolviert haben«, so der DL-Präsident Heinz-Peter Meidinger [ZDF heute vom 11.10.2018]) oder die Reaktivierung von Ruheständlern zeigen, wie sehr der Lehrermangel der Politik unter den Nägeln brennt. Erschwerend hinzu kommt in NRW (Stand: Dez. 2018) die Zusage der Schulministerin, für den für das kommende Schuljahr geplanten Schulversuch ‚Talentschule' in insgesamt 149 Schulen 400 *zusätzliche* Lehrerstellen zur Verfügung zu stellen. Wie dieses Vorhaben bei dem bereits bestehenden eklatanten Lehrermangel umgesetzt werden soll, bleibt offen.

Schule als »Schaltstelle unserer Zukunft«, wie sie anlässlich der Bildungsmesse DIDACTA im Februar 2018 von der Bildungsagentur *enduversum* nur zu treffend bezeichnet wurde, gerät mangels geeigneten Personals zunehmend ins Straucheln, was durch die am 02.05.2018 veröffentlichte repräsentative bundesweite Forsa-Umfrage des VBE [s.u.] dahingehend bestätigt wird, als einerseits 64 Prozent der befragten NRW-Rektoren den Lehrermangel als deren größtes Problem erachten, andererseits jeder dritte jüngere Rektor den Lehrerberuf nicht weiterempfehlen würde. Gründe hierfür gibt es – leider – mehr als genug (siehe nachfolgendes Kapitel *Lehrer werden?*).

Argumentativ für die Wahl des Lehrerberufes stützt sich die hiesige Imperativvariante im Wesentlichen auf **drei zentrale Motive**, wie sie i.d.R. je nach persönlichen Wünschen oder Vorstellungen mit individuell unterschiedlichen Schwerpunktsetzungen miteinander kombiniert werden:

1.) *Materielles Motiv*: Die wohl wichtigste Ressource, die die Bundesrepublik Deutschland im internationalen (Wirtschafts-)Wettbewerb zu bieten hat, ist Bildung. In Bund und Ländern besteht jedoch ein mehr oder weniger (meist aber mehr) großer Mangel an qualifizierten Lehrkräften insbesondere an den allgemeinbildenden, beruflichen und sonderpädagogischen Schulen. Der Bedarf ist also – zumindest ‚unterhalb' des Sek. II-Bereiches und insbesondere bei den MINT-Fächern – vorhanden, mit der Konsequenz einer erhöhten Einstellungswahrscheinlichkeit für ausgebildete Lehrer nach ihrem zweiten Staatsexamen (Referendariat oder Vorbereitungsdienst). Gleich ob für angestellte oder verbeamtete Lehrkräfte besteht in diesem Berufsfeld wie auch für Seiten- bzw. Quereinsteiger eine vergleichsweise hohe Arbeitsplatzsicherheit bei einer angemessenen, im europäischen Vergleich sogar überdurchschnittlichen Bezahlung. (Zu der Ungleichbehandlung von angestellten und verbeamteten Lehrern an späterer Stelle noch eine kritische Anmerkung.)

Als Unterpunkt kommt beim Lehramt die Möglichkeit für junge Frauen hinzu, dass die Vereinbarkeit von Familie und Beruf in nur wenigen anderen akademischen Bereichen gleichermaßen – insbesondere durch die Option der individuell weitgehend gestaltbaren Stundenreduzierung – ermöglicht wird.

2.) *Fachlich-inhaltliches Motiv:* Das Lehramt bietet (neben der Lehre an Universitäten oder Hochschulen) angehenden Studenten sicher die beste Möglichkeit, Fächerkombinationen zu studieren, für die man sich inhaltlich begeistert, welche ihnen gleichwohl außerhalb des Lehrerberufes kein gesichertes Ein- bzw. Auskommen garantierten. Diese Motivation betrifft grundsätzlich alle (Schul-)Fächer, ganz besonders jedoch geisteswissenschaftliche wie auch musische Fächer sowie Sport.

3.) *Idealistisches Motiv:* Aus persönlicher Erfahrung bin ich davon überzeugt, dass die Wahl des Lehrerberufes i.d.R. nicht in erster Linie in einer materiellen Motivation begründet ist (in zweiter vielleicht schon), sondern in dem Interesse am pädagogischen Umgang mit jüngeren Menschen, dem Anspruch und Bestreben, unserem gesellschaftlichen Nachwuchs durch umfangreiche und angemessene Bildung in seinem schulischen und vor allem späteren beruflichen Leben eine möglichst optimale Unterstützung zu bieten. (Leider ist mir keine wissenschaftliche Untersuchung bekannt, welche meine o.g. [optimistische oder gar blauäugige?] Überzeugung stützt. Im Netz gibt es hierzu widersprüchliche, m.W. aber nicht statistisch oder empirisch fundierte Ansichten.)

Eine diametral entgegengesetzte These vertritt Sigrid Wagner in ihrem Buch *Das Problem sind die Lehrer – Eine Bilanz* [Rowohlt Verlag 2018]. Ihrer Erfahrung nach studieren »viele deshalb Lehramt, weil sie nicht wissen, was sie sonst anfangen sollten. Es ist ja auch ein schöner sicherer Job. Das große Ziel der meisten Junglehrer ist die Verbeamtung – und wer kann es ihnen mit Blick auf den Arbeitsmarkt verdenken? (...) Viele Aspiranten glauben aber auch, dass der Arbeitstag nach dem letzten Schrillen der Schulklingel erledigt ist, nicht wissend, dass er dann eigentlich erst losgeht« [ebd. S. 10].

Auf das oben genannte idealistische Motiv setzt auch die im April 2018, hinsichtlich ihres sprachlichen, weil vermeintlich zielgruppenorientierten (?) Niveaus sicher zu hinterfragende Lehrerwerbekampagne *Schlau machen – Lehrer werden* der NRW-Landesregierung [www.lehrer-werden. nrw].

Auf der Grundlage dieses Motives (»Idealismus in einem Schulalltag, den mehr und mehr Lehrermangel, Stundenausfälle und Dokumentationszwänge bestimmen, in dem der Unterricht zur Nebensache geworden scheint« [Christiane Kathrin Dase, WZ vom 27.08.2018 im Gespräch mit der Krefelder Berufskolleglehrerin Jehan Abushihab, betitelt *Was für einen Job als Lehrer spricht*]) bietet für viele (viele?) Lehrer, die offenbar weniger mit den im nachfolgenden Kapitel aufgeführten Problemen zu kämpfen haben, der Lehrerberuf volle Erfüllung und Zufriedenheit, wie bspw. Jehan Abushihab im o.a. WZ-Artikel zur Tätigkeit als Lehrer: »(Das) ist der tollste Beruf, den ich mir vorstellen kann. Ich kann meinen Schülern Dinge vermitteln, die auch mir persönlich wichtig sind: Wertschätzung, Respekt, eine Schule und ein Leben ohne Rassismus. Nirgendwo sonst kann ich so viele Menschen erreichen. Wenn das nur bei einem Bruchteil der Schüler klappt, bin ich schon happy.« – Jehan Abushihab unterrichtet vornehmlich Flüchtlingsklassen und Schüler mit besonderem Förderbedarf in Wirtschaftswissenschaften und Politik und ist eine der Protagonisten der o.e. Lehrerwerbekampagne der NRW-Landesregierung. Schön für Frau Abushihab, wenn der von ihr erreichte *Bruchteil* möglichst groß ist (oder wäre?).

Für manchen Lehramtsanwärter mag evtl. auch die vermeintlich vorteilhafte Ferienregelung für Lehrer als ein (zusätzliches, sicher aber nicht dominierendes) Berufswahlmotiv gelten. Je nach Fächerkombination haben Lehrer meist jedoch netto nicht übermäßig mehr Ferien als die in der Wirtschaft oft üblichen bzw. maximalen sechs Wochen, denn in diesen ,unterrichtsfreien Zeiten' fallen i.d.R. umfangreiche, neben dem regulären Unterricht zeitlich kaum zu bewältigende Korrekturarbeiten wie auch Formalitäten oder evtl. auch berufliche Fortbildungsveranstaltungen an. Und die Sommerferien sind aufgrund der vor dem Ferienende grundsätzlich stattfindenden Konferenzen und Nachprüfungen grundsätzlich auch deutlich kürzer als die gut sechswöchigen Schülerferien. Nicht wenige Kollegen verbringen zudem einige Tage dieser Ferien bereits mit den inhaltlichen Planungen des kommenden Schuljahres (und sei es auch lediglich aus strategischen Gründen zwecks frühzeitiger Belegung des schulinternen Klassen- und Kursarbeitsterminkalenders). *Und*: Lehrer sind mit ihren Urlaubsreisen an die prinzipiell teureren Ferienzeiten gebunden und hinsichtlich eventueller Kurz- oder Spontanurlaube völlig unflexibel (ein Sachverhalt, der jedoch ganz allgemein auch auf die Eltern zutrifft, deren Kinder sich noch in der Schulausbildung befinden).

Weniger als zusätzliches Berufswahlmotiv, so doch als ein nicht zu vernachlässigender weiterer Vorteil des Lehrerberufes liegt zudem in der grundsätzlichen Option, ein Sabbatjahr einzulegen. Auch wenn mittlerweile zunehmend auch Unternehmen ihren Mitarbeitern die Möglichkeit einräumen, dieses aus den USA zu uns ,herübergeschwappte', dort zunächst für Universitätsprofessoren entwickelte Arbeitszeitmodell (daher auch *Sabbatical* genannt) zu nutzen, besteht in der ,freien Wirtschaft', anders als bei Lehrern, Beamten und Angestellten im Öffentlichen Dienst, jedoch kein gesetzlicher Anspruch darauf.

Gleichwohl droht insbesondere bei dem oben genannten rein idealistischen Motiv die nicht unwesentliche Gefahr, dass konkrete Berufserfahrungen im Laufe der Zeit zu großen Enttäuschungen führen, wenn die hochgesteckten pädagogischen Ziele aus welchen Gründen auch immer (siehe nachfolgende Ausführungen) nicht oder nur im geringen Maße erreicht werden. Lehrer mit geringer Frustrationstoleranz sind sodann psychisch und somit beruflich unweigerlich a priori zum Scheitern verurteilt. Beispiele hierfür gibt es leider in Fülle.

Lehrer werden?

Mehr und mehr jedoch rückt aufgrund der qualitativ wie insbesondere quantitativ offenbar stetig zunehmenden lehrerberufstypischen Aufgabenbereiche und Belastungsmomente die Interrogativform des Buchtitels bei potentiellen Lehramtskandidaten zweifelnd in den Vordergrund bei der Vorstellung, den Hauptteil ihres (Berufs-)Lebens als allgemeinbildender Lehrer zu verbringen, gleich zunächst an welcher Schulform. Natürlich sind vor allem die unten auch aufgeführten Unterrichtsvorbereitungen, -durchführungen und -nachbereitungen, Korrekturen, Konferenzen und Elterngespräche zentrale (und damit auch allgemein bekannte) Bestandteile des Lehrerberufsbildes – daher erscheinen sie qua grundlegende Aufgabenbereiche zunächst nicht ausdrücklich als implizite Belastungsmomente erwähnenswert, weil ja »normal«. In ihrer (wie gesagt: stetig zunehmenden) Summe jedoch entsteht hierdurch insbesondere im Zusammenhang mit allen weiteren berufsinhärenten Tätig- und Verantwortlichkeiten eine Gesamtbelastung, wie sie nicht nur von vielen Berufsanfängern mangels Kenntnis hiervon häufig unterschätzt wird, sondern vor allem von vielen Kollegen auf Dauer nicht mehr bewältigt werden kann.

Die Reihenfolge der nachfolgenden Aufstellung ist eher zufällig als bewertend gewählt, so dass diese keinerlei Rückschlüsse auf deren – individuell wie schulspezifisch ohnehin unterschiedliche – Gewichtung zulässt:

1.) Da ist zunächst einmal der landläufig vorurteilsbelastete Ruf der deutschen Lehrkräfte, das negative **Lehrerimage** auf den Punkt gebracht durch zwei immer wieder zu hörende Plattitüden wie »Lehrer werden geboren, kriegen Ferien und sterben« oder »Lehrer haben vormittags recht und nachmittags frei« (nur ungern erinnere ich mich in diesem Zusammenhang auch an unseres Altkanzlers »faule Säcke«). Nur merkwürdig, parallel hierzu auch immer wieder die Aussage zu hören »Unter den heutigen Bedingungen möchte ich kein Lehrer sein – immer dieser Stress mit den immer schwieriger werdenden Schülern.« Dieser Widerspruch mutet schon irgendwie schizophren an.

Zum Thema *Lehreralltag und Lehrerbelastung* finden sich im Internet bzw. in den jeweiligen TV-Mediatheken zahlreiche, vor allem aber eindrucksvolle Beiträge, welche weitgehend auch meine hier aufgezählten Aspekte berühren bzw. belegen. Hierzu empfehle ich insbesondere den am 18.09.2018 vom ZDF in der Reihe *37°* ausgestrahlten Beitrag *Lehrer am Limit – Dauerstress im Schulalltag*. Sicher nicht zufällig gab es in den letzten Jahren mehrere gleich oder ähnlich betitelte TV-Beiträge wie z.B. das *DokThema* des Bayerischen Rundfunks *Lehrer am Limit* vom 18.10.2017 wie auch den ebenso betitelten *Panorama*-Beitrag der ARD vom 22.08.2013. Ergänzend seien an dieser Stelle noch die dreiteilige ZDF-Doku *Immer am Limit – Lehrer und ihr harter Job* genannt sowie aus der NDR-Reihe *7 Tage* der Beitrag *Lehreralltag im sozialen Brennpunkt*.

Immer wieder beschäftigen sich auch die einschlägigen Nachrichtenmagazine wie *DER SPIEGEL*, *FOCUS* oder auch *Stern* mit den nur zu oft unzumutbaren Arbeitsbedingungen des Lehrerberufes (s.u.). Eine Studie zum Lehreralltag [SPIEGEL ONLINE vom 28.02.2019] stellt als größte Herausforderungen den Lehrermangel (mit 30 Prozent der Befragten) heraus, das Schülerverhalten (23 Prozent), die Umsetzungsprobleme mit den Inklusionsanforderungen (22 Prozent) und die schwierige Kommunikation mit den Eltern (21 Prozent).

Nicht ohne Grund kommt es bundesweit zunehmend zu Überlastungsanzeigen von Schulen oder Lehrern an deren Schulaufsichtsbehörden [vgl. bspw. Saarbrücker Zeitung vom 23.04.2018: *Zahl der Hilferufe von Schulen steigt*], welche zwar primär das Ziel verfolgen, »sich selbst vor den Folgen von Arbeitsüberlastung zu schützen, die Rechtmäßigkeit von Arbeitsbedingungen überprüfen zu lassen und den Vorgesetzten zu signalisieren, dass die Arbeitsbelastung das Zumutbare übersteigt« [https://duisburg.gew-nrw.de/arbeitsplatz/detail-arbeitssplatz-schule/news/ueberlastungsanzeige.html]. Sie sind zudem »ein schriftlicher Hinweis an den Arbeitgeber, dass aufgrund von Arbeitsüberlastung die ordnungsgemäße Erfüllung der Arbeitsleistung gefährdet ist« [ebd.]. Andererseits sind sie gleichwohl ein deutliches Indiz für die hier ausführlich beschriebene grundsätzliche Problematik insbesondere auf Grundschulebene [vgl. bspw. den *Hilferuf der Darmstädter Grundschullehrkräfte* aus 07/2014 unter www.gew-hessen.de/themen/arbeitsbelastung/ueberlastungsanzeigen]. Schule benötigt aber dringend die ‚ordnungsgemäße Erfüllung der Arbeitsleistung ihrer Lehrkräfte‘ – für ihre Schüler und deren Zukunft! Und für die Zukunft unseres demokratischen Sozialstaates im internationalen Wettbewerb.

Zu der oben beschriebenen öffentlichen Lehrerreputation erschwerend hinzu kommt die Beobachtung, dass das Image der öffentlichen Schulen (und hiermit indirekt auch das der dort beschäftigten Pädagogen) mittlerweile »im Keller« ist (vgl. Andrea Lueg unter Punkt 8.).

Zur Wichtigkeit des Lehrerimages für ein Land formulierte der bekannte Psychiater und Philosoph Karl Jaspers bereits vor einem knappen halben Jahrhundert zumindest sinngemäß: *Das Schicksal einer Gesellschaft wird dadurch bestimmt, wie sie ihre Lehrer achtet.* (Diese stark verkürzte Version seiner Aussage wird leider häufig als Jaspers' Zitat dargestellt [vgl. www.gutezitate.com/zitat/157285], was ihren Wahrheitsgehalt m.E. aber keineswegs schmälert; vgl. Karl Jaspers, Aspekte der Bundesrepublik, Serie Piper, München 1972, S. 85f: »Was aus einem Volk wird, liegt an seiner

Erziehung durch Eltern und Schulen und des Einzelnen durch sich selbst. Es ist ein Schicksal des Volkes, welche Lehrer es hervorbringt und wie es seine Lehrer achtet, in welcher Atmosphäre, unter welchen Maßstäben und Selbstverständlichkeiten es den Alltag lebt.«)

Wie – sicher ausnahmslos – in jedem Beruf gibt es selbstverständlich auch bei den Pädagogen die berühmten »schwarze Schafe«, wie auch ich sie persönlich in geballter Form während meiner Schulzeit ertragen musste (u.a., ähnlich wie auch bei Sigrid Wagner (s.o.), eines meiner vornehm-lichen Motive, es später einmal besser machen zu wollen). Und wenn man alle gängigen Vorurteile sowie gesammelten tatsächlichen Negativ-erfahrungen mit den schwarzen Schafen dieses Berufsstandes in einem Buch zusammenfasst, kann man hiermit sogar Geld verdienen (vgl. z.B. Norbert Golluch, Das fröhliche Lehrerhasserbuch, Eichborn-Verlag 1999 oder Lotte Kühn [alias Gerlinde Unverzagt], Das Lehrerhasserbuch – Eine Mutter rechnet ab, Knaur Taschenbuch 2005; darauf aufbauend auch ihre Folgebücher Elternsprechtag, Knaur TB 2006 und – hier allerdings mehr auf die praxisferne wie teilweise aber auch auf die auch von mir in diesem Buch kritisierte Bildungspolitik bezogen – Schulversagen: Schlechte Schü-ler, hilflose Lehrer – was in unseren Klassenzimmern falsch läuft, Knaur TB 2007). Gleichermaßen meint die Ex-Kollegin Sigrid Wagner (oder vielleicht besser: warnt potentielle Lehramtskandidaten) mit Ihrem oben bereits erwähnten Buch, dass häufig »die falschen Menschen aus den falschen Gründen Lehrer« werden [Vorwort zum Buch].

2.) Zwar ist eine gewisse Tendenz zunehmender Belastung durch ‚pä-dagogische Problemfälle‘ durchaus feststellbar (schulformbezogen ‚von oben nach unten‘ gleichwohl quantitativ wie qualitativ signifikant zunehmend), jedoch ist diese meiner Erfahrung nach lediglich sekundärer Natur, weil – unter besseren Bedingungen, wie an späterer Stelle begrün-det – kompensier- bzw. zumindest weitgehend vermeidbar. Zu dieser Gruppe zählen hier gleichermaßen Schüler mit »Null Bock«-Einstellun-

gen, chronische Renitenzfälle wie auch Schüler mit Aufmerksamkeits-
defizit-/Hyperaktivitätsstörung (ADHS). Zu unterscheiden hiervon sind
gleichwohl die nachfolgend unter Pkt. 3. u.a. erwähnte zunehmende Gewaltbereitschaft an deutschen Schulen oder die systembedingten Inte-
grationsversuche von Schülern mit emotionalen Entwicklungsstörungen
oder mit Autismus-Spektrums-Störungen (ASS); Stichwort: Inklusion.

3.) Viel schwerwiegender (und im Folgenden lediglich als objektive Fest-
stellung, ohne jedwede Wertung zu verstehen) ist für die heutigen und
angehenden Lehrkräfte die **zunehmende Belastung bzw. Arbeitsverdichtung**

1. **durch zu hohe Schülerzahlen** pro Klasse (und dies nicht nur, aber auch,
   aufgrund des hierdurch erhöhten zeitlichen Korrekturaufwandes), welche unter Berücksichtigung einer sicher meist sinnvollen »offenen (im
   Gegensatz zur autoritären) Pädagogik« zwangsläufig zu erhöter Un-
   ruhe und (rein quantitativ anteilmäßig betrachtet) geringerer aktiver
   Unterrichtsbeteiligung führt, mit der Konsequenz schlechterer Unter-
   richts- bzw. Lernergebnisse – und damit zunehmender (vermeidbarer,
   weil systembedingter!) Demotivation zunächst »nur« auf Seiten der
   Schüler – und damit wiederum schlechterer Ergebnisse – woraus wiederum eine steigende Demotivation folgt – die bekannte Spirale nach
   unten.

2. **durch** einen zunehmenden Zeitaufwand für **Elterngespräche und
   -telefonate** (bzw. immer häufiger auch Gespräche mit Vormunden
   oder Erziehungsberechtigten in Wohngruppen) sowie in diesem Zusammenhang auch Klassen- bzw. Disziplinarkonferenzen (weit jenseits
   der eigentlichen individuellen pädagogischen Lehrermotivation eher
   als lästiges aber »notwendiges Übel« betrachtet). Dass diese Gespräche
   nicht lediglich den Aspekt des zusätzlichen Zeitaufwandes betreffen,
   sondern zudem psychologisch von Lehrern häufig auch als »Höchst-

strafe« empfunden werden [Heiko Haupt, Lehrer-Geheimnisse: Was Schüler, Eltern und Kollegen besser nie erfahren sollten, Kindle TB 2015], sei in diesem Zusammenhang lediglich am Rande erwähnt.

3. **durch** eine (wie oben bereits angesprochen) zunehmende Anzahl von Schülern mit **Migrationshintergrund** (hier – aber nicht nur hier – oft mit bildungsfernem Elternhaus), teils aufgrund von Sprachbarrieren zudem ohne die notwendigen Kommunikationsmöglichkeiten mit den für deren grundsätzliche Erziehung zunächst einmal originär verantwortlichen Erziehungsberechtigten; zudem durch Integration, Inklusion, Seiteneinsteiger/Willkommensschüler sowie aufgrund einer zunehmenden Anzahl von Schülern mit sozialen oder emotionalen Entwicklungsdefiziten – oder gar beiden (vgl. hierzu auch www.news4teachers.de vom 20.06.2017, wo gar von ‚Tyrannenkindern‘ gesprochen wird). Zusammenfassend: eine nachvollziehbar von vielen Kollegen als zunehmend schwierig empfundene Schülerklientel, bei deren pädagogischer Aufgabenbewältigung sich die Lehrkräfte mangels fehlender Lehrer und Sozialpädagogen zunehmend allein gelassen fühlen [vgl. Bildungsforscher Horst Weishaupt im SPIEGEL 14/2018].

Während die Forderung gemäß der bereits vor über zehn Jahren in Kraft getretenen (und bestenfalls lediglich ansatzweise umgesetzten) UN-Behindertenrechtskonvention, dass jedes Kind mit jeder Art von Beeinträchtigung grundsätzlich jede Schule besuchen darf, unter moralisch-inhaltlichen Aspekten zweifelsfrei gerechtfertigt ist, so ergibt sich hieraus offensichtlich nicht nur ein finanzielles, sondern insbesondere auch ein personelles Problem – und hieraus konsequenterweise wiederum ein zusätzliches Belastungsproblem für Lehrer an allgemeinbildenden wie auch an Berufsschulen. Nicht grundlos übersandten bspw. die Schulleiter der integrierten Gesamtschulen in Hannover [vgl. z.B. Schaumburger Nachrichten vom 18.02.2019: Hannovers Gesamtschulen schlagen wegen Überlastung Alarm] einen *Brandbrief* an die Stadt und die Landesschulbehörde:

zu große Klassen mit immer mehr Kindern mit unterschiedlichem Förderbedarf (Lernschwächen, zunehmend emotional-soziale Entwicklungsstörungen [lt. Udo Beckmann (s.u.) Verdoppelung innerhalb der letzten 15
Jahre], geistig und körperlich behinderte Schüler [einschließlich Seh- und
Hörschwächen]) stehen zu wenigen Lehrern gegenüber, zudem mangele
es an Schulsozialarbeitern, Sonderpädagogen, Integrationsbeauftragten
wie auch Schulpsychologen. Die mangelhaften »Gelingensbedingungen«
der Inklusion beklagte gleichermaßen der VBE-Bundesvorsitzende Udo
Beckmann im ZDF heute journal vom 25.02.2019: »Die Kollegen in Regel-
schulen müssen in viel zu großen Klassen in unzureichenden Räumlichkeiten und mit mangelnder personeller Ausstattung das Problem um die
Frage ‚Inklusion‘ stemmen.« Die logische Folge: Überlastung.

Das Anfang 2019 erschienene Buch der Gesamtschullehrerin Julia Wöl-
lenstein aus Kassel zum Thema Integration von Schülern mit Migrationshintergrund (Von Kartoffeln und Kanaken, Bayreuth 04/2019) – wenngleich
mit einer inhaltlich anderen Schwerpunktsetzung: dem (an dieser Stelle
nicht näher zu hinterfragenden) Scheitern von Integration im Schulalltag – ist besonders auch mit Blick auf die hier beschriebene Integrations-
problematik und die damit verbundenen (meist psychischen) Belastungen
für Lehrer lesenswert, zumal es diese in vielerlei Hinsicht bestätigt. Wenn
nämlich lt. dem Statistikamt IT.NRW in diesem Bundesland der »Anteil der
Schülerinnen und Schüler mit Zuwanderungsgeschichte« mittlerweile auf
deutlich mehr als ein Drittel gestiegen ist (exakt: 36,9 Prozent; s. www.
it.nrw/pressemitteilungen, 14.08.2019), sind die hierdurch gestiegenen
pädagogischen Anforderungen unter den gegenwärtigen Personalbedin-
gungen nicht mehr in ausreichender Weise zu bewältigen.

4. **durch** eine nachweislich zunehmende **Gewaltbereitschaft** an deutschen Schulen [repräsentative Forsa-Umfrage unter 252 Leitungen
aller allgemeinbildenden Schulformen, veröffentlicht vom VBE am
02.05.2018] nicht »nur« unter Schülern, sondern zunehmend auch

gegenüber Lehrkräften (ob diese im direkten Zusammenhang mit dem zuvor genannten Punkt 3. steht, muss an dieser Stelle offen bleiben und ist ursächlich für die aktuelle Situationsbeschreibung auch irrelevant). Wenn in der BRD in den vergangenen fünf Jahren (vor Mai 2018) an jeder vierten (in NRW gar an jeder dritten) Schule Lehrer Opfer physischer Gewalt bis hin zu Faustschlägen oder Tritten durch Schüler waren – bei einer sicher nicht unerheblichen Dunkelziffer nicht an die Schulleitungen herangetragener Fälle –, dann ist das sicher nicht unbedingt motivationsfördernd für potentielle Lehramtsanwärter. Hierbei unberücksichtigt bleiben die mittlerweile an knapp jeder zweiten bundesdeutschen Schule (48 Prozent; NRW: 55 Prozent) auftretenden, nicht minder abschreckenden Fälle psychischer Gewalt an Lehrern durch Mobbing, Beschimpfungen oder Drohungen sowohl durch Schüler wie bisweilen auch durch Eltern. Ich selbst habe es persönlich mehrfach erlebt (und zudem durch zahlreiche weitere mir zugetragene Fälle erfahren), dass Kollegen verzweifelt, teils weinend ihre Klasse verließen. Der allmorgendliche Weg zur Schule wird von einigen Kollegen gar als »Fahrt in die Hölle« empfunden, verbunden mit psychosomatischen Erscheinungen wie Kopf- oder Magenschmerzen bzw. Übelkeit.

Bereits in 2004 – und seither hat sich gem. der o.e. Forsa-Umfrage aus 2018 die Situation nachweislich weiter zum Negativen entwickelt – berichtete der *Stern* [18.05.2004] darüber, wie der oben erwähnte »Traumjob« droht, zum »Horrorjob« zu werden: »An einer Hamburger Gesamtschule schlug ein Elfjähriger seine Lehrerin mit der Faust nieder. Der Junge hatte sich zuvor in aller Ruhe die Jacke ausgezogen und die Ärmel hochgekrempelt. Eine Lehrerin in Freiburg fand einen abgeschlagenen Flaschenhals unter dem Hinterrad ihres Wagens. Entdeckt hatte sie ihn nur, weil er unter einem Häufchen Schnee versteckt war – in der Tiefgarage. An einer Wuppertaler Berufsschule brach ein Schüler einem Sozialarbeiter das Nasenbein, weil der ihn aufgefordert hatte, seine Unterlagen ordentlich zu sortieren. In Stuttgart schockte ein Realschüler seine Lehrerin kurz vor

Ostern mit der Drohung, er werde sie am nächsten Tag erschießen. Sie will sich jetzt pensionieren lassen. (...) Als in Heidenheim ein Realschüler seine Lehrerin mit einem Küchenmesser attackierte und am Rücken verletzte, wurde der 14-Jährige von der Schule geworfen.« Die Liste schülerischer Gewalttaten gegenüber Pädagogen ist offenbar schier unerschöpflich, wie bspw. eine Grundschullehrerin in einem Interview des *Stern* im Zusammenhang mit der Inklusionsproblematik, betitelt *Zwei Lehrerinnen packen aus: Wir werden beschimpft, bedroht, bespuckt,* erzählt [www.stern.de vom 10.06.2019]. Hier sagt sie u.a. auch: »Ein Junge rammte seinen Kopf in den Bauch einer schwangeren Kollegin. Ein anderer stach mit seinen Fingern in die Augen eines Mitschülers.« In einem Extremfall kam es gar am 09.05.2019 an der Dortmunder Martin-Luther-King-Gesamtschule zu einem Mordversuch, weil sich dort einer der Schüler gem. staatsanwaltlicher Aussage gegenüber den *Ruhr-Nachrichten* »von dem Lehrer ungerecht behandelt (fühlte). Seine Versetzung war gefährdet« [hier zit. nach www.focus.de/regional/dortmund vom 15.05.2019]. Zusammen mit zwei Komplizen (alle zwischen 16 und 18 Jahre alt) hatte er einen Lehrer in einen Hinterhalt gelockt, um ihn sodann gemeinsam mit einem Hammer zu erschlagen [vgl. ebd.]. Nur dem Spürsinn des Lehrers war es letztlich offenbar zu verdanken, dass dieser Anschlag missglückte. Und noch einmal Dortmund im Juli 2019: »Drei Schüler im Alter von 16, 17 und 18 Jahren sollen (...) ein Mordkomplott gegen einen Lehrer geplant haben. Das Trio ist am Mittwoch wegen versuchten Mordes und wegen der Verabredung zu einem Verbrechen angeklagt worden« [Stella Venohr, dpa, zit. nach www.swp.de vom 17.07.2019]. Zusammenfassend (hier beispielhaft sicher nicht nur für NRW): »Immer mehr Lehrkräfte in Nordrhein-Westfalen werden Opfer von Gewalttaten. Wie das Landeskriminalamt (...) mitteilte, seien landesweit 435 Straftaten gegen Lehrer im Jahr 2018 verzeichnet worden, neun Prozent mehr als im Jahr zuvor. 2017 hatte die Anzahl der Fälle demnach bei 397 gelegen. (...) Insgesamt waren 500 Lehrkräfte im Jahr 2018 verschiedenen Straftaten zum Opfer gefallen (438 im Jahr 2017)« [dpa, zit. nach www.welt.de vom 06.09.2019].

Einen Extremfall geballter Gewaltbereitschaft an der Berliner Spreewald-schule (einer Grundschule!) schildert Susanne Vieth-Entus im *Tagesspiegel* vom 19.03.2018 anhand einer Zusammenstellung von Gewalt an Berliner Schulen auf der Erfahrungsgrundlage der dortigen Schulleiterin Doris Un-zeitig in ihrem Artikel *Alleingelassen: Die Rektorin der Spreewaldschule* [s. bspw. www.tagesspiegel.de/themen/reportage/gewalt-an-berliner-schu-len-alleingelassen-die-rektorin-der-spreewald-schule/21082382.html]. Erinnerungen an die Berliner Rütli-(Ober-)Schule aus März 2006 werden hier wieder wach, als das »Kollegium mittels eines Briefes an die Berliner Senatsverwaltung für Bildung die Auflösung der Schule erbat, da es der vermehrt auftretenden Gewaltbereitschaft der Schüler nichts mehr ent-gegensetzen konnte« [www.ph-freiburg.de/fileadmin/dateien/fakultaet3/ sozialwissen-schaft/Ganztag/Studi-Portfolios/Bundeslaender/junker.Ru-etli-Schule_Berlin.pdf].

Mit der rasanten Entwicklung der E-Kommunikation bzw. der dahinter stehenden Technologie ergeben sich nunmehr für eher destruktiv orien-tierte Schüler (oder solche, die sich durch besondere ‚Leistungen‘ in ihrer Peer Group hervortun wollen) derzeit noch ungeahnte Möglichkeiten des Psychomobbings von Lehrern via Internet. Der Phantasie sind hier kei-nerlei Grenzen gesetzt. Als nur ein herausragendes (?) Beispiel aus einer mittlerweile unzählbaren Menge entsprechender Negativbeispiele ging im Februar 2020 ein Fall mehrfacher psychischer Gewalt gegenüber gleich mehreren Lehrkräften durch die Medien, weil die Schulleiterin des Duisbur-ger Max-Planck-Gymnasiums als Reaktion hierauf die jeweils dreitägigen Klassenfahrten zweier neunter Klassen strich. »Das Vertrauensverhältnis sei erheblich gestört, das Sicherheitsgefühl an der Schule stark beein-trächtigt« begründete sie die – als Kollektivmaßnahme sicher fragwür-dige, als Schutzmaßnahme gegenüber den beteiligten Lehrern gleichwohl nachvollziehbare – Sanktion [hier zit. nach dem Generalanzeiger Bonn vom 04.02.2020]. »In den letzten Wochen sind uns zahlreiche Einträge in den sozialen Medien (Instagram, Whatsapp u.a.) bekannt geworden, die sich in beleidigender, diffamierender und rufschädigender Art gegen eine große Zahl der Lehrkräfte richtet«, so die Schulleiterin. Und: »Es seien Persönlichkeitsrechte Einzelner verletzt und unter anderem Bilder verbreitet worden, die unerlaubt während des Unterrichts gemacht worden seien« [ebd.]. Die Qualität des Lehrermobbings hat somit eine neue – erschreckende – Dimension angenommen und es bleibt zu befürchten, dass hiermit die Grenze der technischen Möglichkeiten, Lehrer psychisch in erheblichem Maße zu schädigen, bei Weitem noch nicht erreicht ist. »Mehrere Lehrer seien unter anderem heimlich im Unterricht fotografiert und dann in Fotomontagen verunglimpft worden. Die Beiträge würden dann von vielen Schülern geliked. Ein Lehrer hat Strafanzeige gegen Unbekannt erstattet. Die Staatsanwaltschaft ermittelt gegen Unbekannt« [https://www1.wdr.de/nachrichten/rheinland/duesseldorf-klassenfahrt-mobbing-abgesagt-100.html].

5. **durch** einen ständig zunehmenden Zeit- und Arbeitsaufwand zur Erfüllung von **Dokumentationspflichten** und für andere **Formalien,** bei welchen einige sicher praktisch bzw. juristisch oder pädagogisch sinnvoll, andere gleichwohl auch durchaus verzichtbar sind. (Hier bleibt bspw. die Sinnhaftigkeit der teils extrem zeitaufwändigen Erstellung sogenannter Förderpläne z.B. in NRW für versetzungsgefährdete, in anderen Bundesländern für sozial schwache und auffällige Schüler zumindest zu hinterfragen.) Als besonders zeitintensiv erweisen sich in diesem Zusammenhang vor allem die Erstellungen und turnusmäßigen Aktualisierungen u.a. von schulinternen Lehrplänen oder Medienkonzepten. Das sich hieraus zwangsläufig ergebende Problem: »Viel Bürokratie, viel zu wenig Zeit für die eigentlichen pädagogischen Aufgaben« [zitiert aus dem o.a. ZDF-Beitrag vom 18.09.2018] »... und wir fahren (damit) eine ganze Generation von Kindern an die Wand« [ebd. interviewte Kollegin Julia].

Übergeordnete Verwaltungsarbeiten lassen, wie auch der GEW- und DGB-Vorstandsvorsitzende in Krefeld Philipp Einfalt moniert, den Lehrern »zu wenig Zeit für pädagogische Arbeit« [WZ vom 20.09.2018]. Ob gleichwohl die von der damaligen GEW-Vorsitzenden Marlies Tepe in einem *Focus*-Beitrag [vgl. *ZDF heute* vom 15.09.2018] vorgeschlagene Entlastung der Lehrkräfte durch Bürokräfte beim Zeugnisschreiben in diesem Zusammenhang ein sinnvolles Beispiel möglicher Arbeitsentlastung für Lehrkräfte darstellt (i.d.R. werden die im Verlaufe der Zeugniskonferenzen beschlossenen Noten über ein EDV-Programm direkt in ein Zeugnisformat umgewandelt und entsprechend ausgedruckt; der Klassenlehrer muss jetzt – so auch bei Einsatz von Bürokräften zwingend nötig – die gedruckten Zeugnisse noch hinsichtlich ihrer Richtigkeit überprüfen und unterschreiben), wage ich zu bezweifeln. Da gibt es definitiv effizientere und pädagogisch sinnvollere Möglichkeiten (s.u.).

6. **durch** eine zunehmende Anzahl von **Vertretungsstunden** für einen an vielen Schulen wahrnehmbar steigenden Anteil an erkrankten Kollegen – steigend wohl auch wiederum (zumindest in Einzelfällen) aufgrund ihrer zunehmenden Demotivation bzw. hieraus folgend auch psychischer Erkrankungen (Leistungsdruck, Zeitstress, Schwierigkeiten im Umgang mit Problemschülern) – bis zum stressbedingten Burnout. Und in einem mir persönlich bekannten Fall gar bis zum Herzinfarkt.

»Mich wundert der hohe Krankenstand unter Lehrern bei all diesem Druck überhaupt nicht«, sagt eine Lehrerin im Gespräch mit *FOCUS Online* [25.03.2018]. »Inklusion, Migration und immer öfter verhaltensauffällige Kinder. Dazu viel zu große Klassen und bürokratischer Papierkrieg. Vor allem Grundschullehrer ächzen unter der Last ihrer Aufgaben und fühlen sich von Staat und Gesellschaft alleingelassen« heißt es dort weiter.

7. **durch** einen zeitlichen, meist nicht stundenmäßig ausgeglichenen Mehraufwand für die »Lehrkräfte, die die **Quer- und Seiteneinsteiger** in der Schule in ihrer Ausbildung unterstützen«, diese müssten entlas-

tet werden, da nur so »die Qualität des Unterrichts gesichert werden kann« [Forderung der GEW in der WZ vom 11.02.2019 insbesondere unter dem Aspekt, dass bspw. in NRW im Jahre 2018 bei Neueinstellungen fast 14 Prozent auf Seiteneinsteiger entfielen].

Eine mögliche Verbesserung der Problematik mit den meist pädagogisch unzureichend ausgebildeten Quereinsteigern läge evtl. in einer (landes-) zentralen Vorausbildung bspw. an Hochschulen, wodurch Schulen und Lehrer zumindest teilweise von dieser Tätigkeit entlastet werden könnten. Eine solche Vorausbildung würde gleichwohl sicherlich einige potentielle Bewerber von einem Quereinstieg abhalten – und sie würde zudem nicht nur Zeit, sondern auch viel Geld kosten. In diesem Zusammenhang sei auch die Frage erlaubt, ob hierfür notwendigerweise ein abgeschlossenes Universitätsstudium vorauszusetzen ist (ein FH-Ingenieur mag fachlich gleichermaßen qualifiziert sein, Schüler bis einschließlich Sek. II zu unterrichten).

In diesem Zusammenhang wäre sicher eine Untersuchung der Motivationslage der Quereinsteiger im Vergleich zu ihren akademisch ausgebildeten Kollegen interessant. Hier dürfte die materielle bzw. Sicherheitsmotivation im Vergleich zur idealistischen anteilmäßig deutlich höher ausfallen.

8. **durch** eine zielgleiche und/oder zieldifferente **unterrichtliche Differenzierung** aufgrund einer zunehmenden (Leistungs-)Heterogenität, bedingt u.a. auch durch unterschiedliche (Vor-)Bildungsvoraussetzungen innerhalb der Lerngruppen, welche zu einem extrem erhöhten Vorbereitungsaufwand führt (unterschiedliche Arbeitsblätter und Leistungsüberprüfungen bis hin zu unterschiedlichen Bewertungskriterien innerhalb derselben Lerngruppe).

Aufgrund dieser Heterogenität entsteht lt. Klemm/Zorn ein erhöhter »Individualisierungsbedarf, dem eher in kleineren als in größeren Lerngruppen nachgekommen werden kann« [a.a.O.] – wofür dann konsequenterweise ein (aktuell ohnehin nicht zu deckender) zusätzlicher Personalbedarf entsteht. Die in der Praxis auftretenden unterschiedlichen Erscheinungsformen der die Lehrertätigkeit insgesamt erschwerenden Lerngruppenheterogenität (soziale Heterogenität, kulturelle / sprachliche Heterogenität und Leistungsheterogenität [s. hierzu McElvany, Bos, Hasselhorn, Ohle-Peters (Hg.): *Bedingungen erfolgreicher Bildungsverläufe in gesellschaftlicher Heterogenität*]) bleiben in diesem Zusammenhang unberücksichtigt.

Meist sind es exakt diese Belastungen, insbesondere aber die Problemsituationen in der Schüler-Lehrer-Relation, von denen viele Lehrer noch mehrfach in ihren nächtlichen Träumen verfolgt werden (ein Phänomen, welches gleichwohl in allen stressbehafteten Berufen, unabhängig von der Lehrertätigkeit, auftreten kann).

Zu den oben angesprochenen Klassengrößen wage ich gar die – noch zu beweisende – These aufzustellen, dass Unterrichtsstörungen (als zunächst einmal grundsätzlich »normales« und im geringen Maße auftretend für professionelle Pädagogen handhabbares Phänomen des Schulalltages) mit steigender Klassenstärke nicht proportional sondern exponentiell zunehmen. Folglich würde eine Verringerung der Schüler pro Lerngruppe zu einer überproportionalen Reduzierung von Unterrichtsstörungen und somit zu einem effizienteren Unterricht (Output) führen. Die Arbeitserfahrungen mit Kleingruppen (ca. 8 bis 14 Schüler) mit daher extrem wenigen bis zu gar keinen Störungen scheinen diese These zumindest tendenziell zu bestätigen.

Im o.a. WZ-Artikel vom 8.11.2019 empfiehlt der DLV eine dem ,Schweinezyklus' entgegenwirkende Einstellung sogar von zusätzlichen Lehramtsabsolventen »über Bedarf« (was, wie hier mehrfach begründet, unter den aktuellen Bedingungen als eher unwahrscheinlich zu betrachten ist). Sollte dieser Zyklus aber wider Erwarten einmal tatsächlich durchbrochen wer-

den können, so könnte ein hierdurch eventuell entstehender Lehrerüber-
hang nicht, wie vom DLV vorgeschlagen, als »Reserve« verwendet werden,
sondern zu einer sich pädagogisch m.E. zweifelsfrei positiv auswirkenden
Verringerung der Klassengrößen – mit dem positiven »Nebeneffekt« einer
ja ohnehin notwendigen Entlastung der Lehrkräfte.

Interessant erscheint in diesem Zusammenhang die Entscheidung der
französischen Regierung im Dezember 2019, in sozialen Brennpunkten
(quartiers défavorisé) zunächst in den ersten Schuljahren die Klassengrößen auf maximal 12 Kinder zu reduzieren (was konkret einer Halbierung
entspricht). »Eine kleine Klasse ist besser, da ist weniger Lärm für die Lehrerin« (der Schüler Noah im *ZDF heute journal* vom 19.12.2019). Die Lehrerin Séverine Dubois [ebd.] erklärt, dass man so schneller vorankäme als
in einer herkömmlichen Klasse, und die Schulleiterin Stéphanie Charnay
bestätigt vor allem größere Fortschritte beim Lesen, »ein Erfolg, der Zeit,
Aufmerksamkeit und Anleitung erfordert.« »Die französische Regierung
verfolgt mit der Reform mehr als ein akademisches Ziel«, so der Reporter
Thomas Walde [ebd.]. »Wenn man Vertrauen schafft, wenn die Schüler
merken, dass sie mitkommen, wenn sie Ehrgeiz entwickeln, dann arbeitet man automatisch auch an einer Form des sozialen Zusammenhalts«
[Edouard Geffray, französischer Bildungsminister, ebd.]. Dass hierdurch –
trotz zusätzlicher Lehrereinstellungen – an anderer Stelle Lehrer fehlen,
bleibt auch in Frankreich ein Problem. Das Beispiel belegt jedoch nachvollziehbar, welchen pädagogischen Vorteil kleinere Klassen grundsätzlich
(also nicht nur in Brennpunktschulen) mit sich bringen.

4.) Natürlich sinnvoll und in den meisten Fällen auch notwendig sind die
nahezu wöchentlich stattfindenden (meist mehrstündigen) **Lehrer- wie
auch Fachkonferenzen** und fachlich wie pädagogisch bedingten Kolle-
gengespräche außerhalb der regulären Schulzeit (innerhalb derselben
sind da ja auch noch, wenn man nicht gerade Aufsicht hat, die ‚Pausen'
hierfür nutzbar – [Arbeits-]Pausen?).

5.) Auch das Schreiben von **Konferenz- oder Gesprächsprotokollen** (insbesondere von Lehrer- und Fachkonferenzen oder auch Elterngesprächen) nimmt einen erheblichen (zunehmenden?) Teil der außerschulischen Arbeitszeit ein.

6.) Nur der Vollständigkeit halber (bzgl. des objektiv zeitlichen Zusatzaufwandes) seien an dieser Stelle die zweifelsfrei als integraler Bestandteil der Lehrertätigkeit unverzichtbaren, i.d.R. zweimal jährlich stattfindenden **Elternsprech(nachmit)tage** sowie bei Klassenlehrern auch die meist abendlich stattfindenden Klassenpflegschafts- bzw. Klassenelternversammlungen erwähnt. Engagierte Lehrer treffen sich mit gleichermaßen interessierten Eltern zudem mehrfach im Jahr auf freiwilliger Basis im Rahmen von sog. Elternstammtischen, so sie denn – Elterninteresse und -engagement vorausgesetzt – stattfinden.

7.) Viele Kollegen fungieren notwendigerweise als **Fachvorsitzende** für die diversen Fachkonferenzen, deren Vor- und Nachbereitung (u.a. Erstellung von Einladungen mit Tagesordnungen und anschließende Auswertung) auch einen nicht zu unterschätzenden Zeitaufwand bedeutet, welcher i.d.R. nicht durch Ausgleichsstunden kompensiert wird.

8.) Nicht flächendeckend, aber im wachsenden Umfang demotivierend wirken sich auch die **räumlichen, akustischen wie medialen Arbeitsbedingungen** von Lehrern aus (optisch-ästhetische Ärgernisse wie Graffiti, Folgen schülerischen Destruktionstriebes oder pubertär-vulgäre Schmierereien an Wänden und auf Schulmobiliar oder allerorts in- und außerhalb des Schulgebäudes verstreuter Verpackungsmüll sind hier eher – auch auf Bildungsdefiziten beruhende? – Marginalien): Platzmangel, ein extrem hoher Lärmpegel, nicht selten suboptimale sanitäre Einrichtungen, Warteschlangen an Kopierern (soweit überhaupt funktionstüchtig) – und allem voran die häufig vorsintflutlich anmutende mediale Ausstattung der Unterrichtsräume. Lehrer, die in der Schule über W-LAN oder gar In-

ternetzugang im Klassen-, Lehrer- oder Fachraum einschließlich der dazu-
gehörigen Hardware (PC, Beamer, Lautsprecher) verfügen, können sich
glücklich schätzen; von interaktiven White- oder SMART Boards ganz zu
schweigen. Und genau hier zeigt sich die dringende Notwendigkeit, den
nunmehr beschlossenen *DigitalPakt Schule* von Bund und Ländern, wie
er offiziell gem. Bundesministerium für Bildung und Forschung (BMBF)
bezeichnet wird, alsbald umzusetzen – zum Vorteil sowohl von Schülern
als auch von (in vielen Fällen allerdings noch entsprechend fortzubilden-
den) Lehrern. Das ist »eine gute Nachricht für Lehrer, die ihre Schüler auf
die digitale Höhe der Zeit bringen wollen (...). Und es ist auch eine gute
Nachricht für alle Schüler, die es viel zu häufig noch mit museumsreifen
Computern im Unterricht zu tun haben« [Stefan Vetter: Bildung ist Stand-
ortpolitik, WZ vom 16.03.2019]. Digitalisierung nicht als Selbstzweck,
sondern (neben der Vorbereitung der Schüler auf das digitale Zeitalter mit
all seinen Vor- und Nachteilen – Stichwort: Medienkompetenz) um den
Lehrern die Möglichkeit zu geben, den technischen Fortschritt auch pädagogisch zur Verbesserung und möglicherweise auch Erleichterung ihres
Unterrichts nutzen zu können, auch wenn die Gesamtsumme von etwa
fünfeinhalb Milliarden Euro (Bundes- und Ländermittel zusammenge-
rechnet [vgl. https://www.bmbf.de/ de/wissenswertes-zum-digitalpakt-
schule-6496.html]), verteilt auf fünf Jahre – das bedeutet umgerechnet
maximal 25.000 Euro pro Schule für Endgeräte – letztlich einen »Tropfen
auf den heißen Stein« darstellen mag [Nils Weichert im Handelsblatt Nr.
38 vom 22.02.2019].

Auch die Direktorin des Institutes für Schulentwicklungsforschung an der
TU Dortmund, Nele McElvany, betont in diesem Zusammenhang, dass
Digitalisierung etwas sei, »was unser Leben in praktisch jeder Hinsicht
aktuell schon viel bestimmt und in Zukunft noch viel mehr bestimmen
wird« und die Schüler digitale Medien für ihren weiteren Lebensweg zwingend kennenlernen müssten [WZ vom 01.06.2019]. Sie warnt gleichwohl
gleichermaßen davor, dass »die Erwartungen, die an die Digitalisierung

in Schulen geknüpft werden, überhöht sind.« Folge man der Diskussion, habe man den Eindruck, dass »ein Tablet und ein schnelles W-LAN alle Herausforderungen des Bildungssystems lösen könnten« [ebd.]. Schön wär's.

Auf einer Veranstaltung der Wirtschaftswoche am 28.01.2019 [hier zit. nach *t-online tagesanbruch* vom 29.01.2019] hat auch der seinerzeit amtierende Bundestagspräsident Wolfgang Schäuble die dringende Notwendigkeit höherer Investitionen in den Bildungsbereich betont: «Wir (der Bund, Anm. d. Verf.) müssen noch mehr in Bildung, besonders in digitale Bildung investieren. Da liegt unsere Zukunft!« Dabei ist es völlig unerheblich, ob Schäuble mit digitaler Bildung die zu erhöhende Medienkompetenz oder die hierfür notwendige Hardware (an Schulen) meint – das Eine bedingt letztlich das Andere, und dies mit verstärktem Zukunftsbezug.

Zweifelsfrei wird sich in gar nicht mehr so ferner Zukunft mit steigender Nutzung digitaler Medien auch die Rolle des Lehrers zumindest teilweise verändern: weg von der (meist) lehrerzentrierten Funktion als konventionell pädagogischer Wissensvermittler, hin zu einer Art Coach, der die Schüler bei dem Durchlaufen ihres – nunmehr (weitgehend?) fremd- weil medial gesteuerten – Lernprozesses unterstützt. Ob diese Rollenveränderung gleichermaßen zu einer Entlastung führen wird, bleibt gleichwohl zu bezweifeln (s. hierzu meinen *semioptimistischen Blick in die Zukunft* am Ende dieses Buches).

Anmerkung hierzu: Am 15. September 2019 wurden nunmehr die Gelder bspw. vom NRW Schulministerium mit der Veröffentlichung der Förderrichtlinie freigegeben. Jetzt müssen sie »nur« noch in einem allerdings recht aufwändigen Antragsverfahren abgerufen werden. Vielen Kommunen fehlt jedoch das hierfür benötigte Personal [s. hierzu WZ vom 17.09.2019] – mit der Folge einer unausweichlichen Verzögerung der konkreten Umsetzung vor Ort.

Und es droht in diesem Zusammenhang (mit Stand Ende September 2019) ein weiteres Problem: lt. *WELT* steuert die Bundesregierung »auf eine größer werdende Lücke bei der Finanzierung des Digitalpakts Schule zu«, da die hierfür vorgesehenen Einnahmen aus den Erlösen der 5G-Versteigerungen aufgrund einer Entscheidung im Bundesverkehrsministerium, den Mobilfunkherstellern eine Streckung ihrer Zahlungen zu ermöglichen, mit entsprechenden Verzögerungen fließen werden [Quelle und Details hierzu siehe www.welt.de/politik/deutschland/article201062590/Digitalpakt-Bundesregierung-droht-Milliardenluecke-bei-Schuloffensive.html].

Zwar belegt der neuseeländische Bildungsforscher John Hattie [Hattie-Studie, *Visible Learning*, 2009] die Persönlichkeit des Lehrers mit den spezifisch ihm eigenen Methoden als zentralen Aspekt für schulischen Lernfortschritt (m.a.W.: alle anderen Einflussfaktoren wie u.a. die in diesem Buch auch kritisierten materiellen Rahmenbedingungen der Lehrkräfte sind danach eher sekundärer Natur), jedoch steht auch außer Frage, dass die sinnvolle Nutzung moderner (Medien-)Technik den Unterricht inhaltlich verbessern und pädagogisch somit für die Schüler interessanter gestalten – und im Zusammenhang mit dem hier zentralen Thema dem Lehrer seine Tätigkeit erleichtern – kann. »Schlechter Unterricht wird mit digitalen Medien (zwar) nicht besser« [Schulpädagogikprofessor Klaus Zierer, dpa, 01.01.2019], guter Unterricht könne hingegen vom Einsatz moderner Technik profitieren [ebd.].

Bisweilen auch auftretende materielle oder bauliche Mängel wie bspw. nicht zu öffnende oder zu schließende Fenster, nicht funktionstüchtige Jalousien, klappernde Türen, störende Nebengeräusche wie bspw. laut rauschende Heizungsventile (insbesondere bei Klassenarbeiten, Tests, Stillarbeit oder Hörverstehensübungen im Sprachenunterricht äußerst lästig), als Abstellräume missbrauchte Flure oder gar Klassenzimmer wie auch mangelhafte Raumakustik (die Liste ließe sich problemlos noch erheblich erweitern) erscheinen in diesem Zusammenhang bereits als von eher untergeordneter Bedeutung – sind sie aber nicht. Nicht unbedingt typisch, aber doch symptomatisch für derart miserable Lärmbelastungen ist die im *SPIEGEL* [14/2018] dargestellte Situation an der Raunheimer Grundschule in unmittelbarer Startbahnnähe zum Frankfurter Flughafen. Als beispielhaft für viele deutsche Schulen mag hier aber die Aussage der Schulleiterin der Krefelder Grotenburgschule stehen, die sich über »beschädigte Dächer, nicht schließende Fenster, eine nicht funktionierende Heizung und einen unzumutbaren Gestank im Nebengebäude (...)« beschwert [Westdeutsche Zeitung, Ausgabe Krefeld, 26.04.2018]. Oder die WZ-Meldung vom 13.03.2019: »Wenn die Sonne in die Klassenräume auf der Westseite der Robert-Jungk-Gesamtschule scheint, muss der Unterricht verlegt werden oder auf dem Boden stattfinden.« In erfolgsorientierten Wirtschaftsunternehmen (Erfolg hier gemessen an der Input-Output-Relation) schlichtweg undenkbare Zustände.

Wenn dringend notwendige, eigentlich originär durch den Schulträger zu tätigende Investitionen mangels der bereitzustellenden finanziellen Mittel mittlerweile zunehmend von Schulfördervereinen getragen werden, um einigen der hier genannten Probleme zumindest ansatzweise entgegenzuwirken (z.B. durch die Ausstattung von Klassenräumen mit Medien, die Sanierung von Schultoiletten oder die Renovierung einer Schülerbibliothek [vgl. Claudia Wichmann, Stadtschulpflegschaftssprecherin in Krefeld; WZ vom 03.09.2018]; die eigentlichen Aufgaben dieser Fördervereine liegen eher in sozialen oder kulturellen Bereichen), ist dies nicht nur ein deutliches Indiz für die, sondern zudem eine beschämende Auswirkung der hier beklagten mangelnden (bundes-)staatlichen Investitionsbereitschaft. Zwar versuchen einige Kommunen bzw. Bezirksregierungen mittlerweile, den genannten baulichen Mängeln durch Bereitstellung der benötigten finanziellen Mittel entgegenzuwirken, jedoch scheitert häufig die Umsetzung bzw. die rechtzeitige Fertigstellung der meist handwerklichen Arbeiten, welche bei umfangreicheren Aufträgen i.d.R. in die (Sommer-)Ferien gelegt werden, einerseits häufig an hohen bürokratischen (und damit zeitaufwändigen) Hürden, andererseits an einer zu geringen Anbieterzahl hierfür geeigneter Unternehmen (ein Problem, welchem staatlicherseits allerdings nur äußerst bedingt begegnet werden kann).

Die Tatsache, dass Eltern zunehmend Ihre Kinder in Privatschulen – in »Bildungsinseln für Besserverdienende« [Michael Wrase und Marcel Helbig, Rechtswissenschaftler und Bildungssoziologe am Wissenschaftszentrum für Sozialforschung in Berlin; zit. nach www.deutschlandfunk.de vom 26.11.2016] – unterbringen wollen, hat zwar vielschichtige Ursachen. Ein Grund für die steigende Privatschulnachfrage (neben Elitebestrebungen, alternativer Pädagogik, christlich-sozialem Hintergrund, sportlichem oder kreativem Bereich sowie dem elterlichen Wunsch, ihr Kind nicht an eine Brennpunktschule schicken zu wollen; vgl. Nele McElvany [s.o.] in der WZ vom 08.08.2019) ist gleichwohl auch »der schlechte Zustand vieler öffentlicher Schulen«, wie die GEW NRW kritisiert [hier zit. nach dem *Hamburger Abendblatt* vom 07.08.2019]. »Bei vielen Eltern nimmt das Gefühl zu, dass das öffentliche Schulsystem überfordert ist«, kommentiert Prof. Dr. Klemm [a.a.O.; s.o.] diesen bundesweit grundsätzlich zu beobachtenden Trend, welcher laut GEW zudem zu einer »Verschärfung der sozialen Spaltung« führe [u.a. *Berliner Morgenpost* vom 07.08.2019]. »Tatsächlich sind es vor allem Kinder aus wohlhabenden, akademischen, deutsch sprechenden Familien, die auf Privatschulen gehen, denn das Image der öffentlichen Schulen ist im Keller« analysiert Andrea Lueg auf WDR 5 [*Quarks – Hintergrund* vom 10.07.2019] dieses meine hiesige Kritik zusätzlich bestätigende Phänomen. Statistische Anmerkung hierzu: Lt. *Verband Deutscher Privatschulen* (VDP) geht mittlerweile – bei einer knappen Verdoppelung der Privatschulen in den vergangenen 25 Jahren – jeder elfte Schüler auf eine privat geführte Schule [vgl. WZ, ebd.].

9.) Nochmals zum obigen Thema **Lärmpegel**: Bedingt durch lärmende und (zunehmend?) undisziplinierte Schüler (den Disziplinbegriff kritisch zu beleuchten ist hier überflüssig, weil in diesem Zusammenhang eindeutig verständlich) werden nicht nur die Gehörgänge der Lehrkräfte (wie übrigens auch die der Schüler) übermäßig und damit gesundheitsschädigend strapaziert, sondern ist man als Lehrer zudem häufig gezwungen, sein berufliches Hauptwerkzeug, die Stimme, über Gebühr zu belasten, um überhaupt akustisch wahrgenommen (idealiter sogar verstanden) zu werden, was in Einzelfällen schon einmal zu einem vorübergehenden Stimmverlust führen kann. Auch Tinnitusprobleme (seien sie lärm- oder psychosomatisch bedingt) sind hier keine Seltenheit. (Dass insbesondere bei den – pädagogisch sinnvollen – kooperativen Unterrichts- bzw. Lernformen der Lärmpegel im Unterrichtsraum erheblich steigt, sei an dieser Stelle nur am Rande angemerkt.) Nicht umsonst werden für Lehrkräfte u.a. auch Fortbildungen zur Lehrergesundheit mit Schwerpunkt Lärmreduktion angeboten.

Eine im September 2018 veröffentlichte Studie des VBE »Wie geht's?« [www.vbe-nrw.de] zur Gesundheit von Lehrkräften in NRW bestätigt eine hohe Unzufriedenheit der Pädagogen mit ihrem Arbeitsumfeld, insbesondere mit der räumlichen und der personellen Ausstattung der Schulen. Ihren eigenen Gesundheitszustand bewerteten sie auf einer Skala von 1 (sehr gut) bis 10 (gar nicht gut) mit 4,7 Punkten [vgl. WZ vom 21.09.2018]. Von der GEW Hessen [a.a.O.] stichpunktartig zusammengefasste Mängel: »Feuchte Räume, Schimmel, überfällige Sanierung, PCB-Belastung und mangelnder Lärmschutz, schäbige, müffelnde Toiletten, erhöhtes Schmutzaufkommen, Hygieneprobleme durch überlastetes Putzpersonal, sodass Lehrkräfte selbst putzen.«

10.) Nicht selten müssen (sinnvollerweise) einzelne Fachlehrer – zusätzlich zu ihren originär pädagogischen Aufgaben – an den einzelnen Schulen auszubildende **Referendare betreuen**. Zwar übernehmen diese zeitweise zu Übungszwecken auch deren Unterrichte, jedoch ist für die betreuenden Kollegen der zeitliche Mehraufwand aufgrund der hierfür notwendigen Unterrichtsvorbereitungsgespräche und -nachbesprechungen erheblich höher als der für eine konventionelle Unterrichtsvorbereitung benötigte Zeitaufwand.

11.) »So ganz nebenbei« sollte jeder Lehrer zudem ja möglichst auch noch für ein wie auch immer geartetes **schulisches Projekt** verantwortlich zeichnen: inhaltliche Vorbereitung, Planung, Organisation, Durchführung, Evaluation ...

12.) »Du gehst auf **Klassenfahrt**? Schon wieder Urlaub? Tja, Lehrer müsste man sein!« Diese neidisch anmutende Bemerkung gehört sicher in die Kategorie der bereits unter Punkt 1. angesprochenen Vorurteile gegenüber dem Lehrerberuf. Dem kann ich nur mit den Worten einer ehemaligen Kollegin begegnen: »Lieber vier Wochen Unterricht als eine Woche Klassenfahrt,« welchen ich uneingeschränkt beipflichten kann (genau genommen sind es ja meist »nur« fünf oder in der Sek. I-Unterstufe noch weniger Tage einschließlich An- und Abreisetag). Die Organisation und Durchführung von (oder auch die begleitende Teilnahme an) Klassen- oder Abschlussfahrten gehört selbstverständlich zu den unumgänglichen Lehrerpflichten. Während man sich die Vorarbeiten evtl. durch Rückgriff auf die Vielzahl angebotener komplett durchorganisierter Schülerreisen (wenn man will und die Kosten dafür einkalkulierbar sind) noch etwas vereinfachen kann, sind im Vorfeld der Fahrt im Rahmen von bspw. Elternabenden auf jeden Fall noch diverse inhaltliche und finanzielle Details zu klären, allem voran aber die rechtlichen Rahmenbedingungen und Verhaltensregeln nebst erforderlicher Sanktionen bei Nichteinhaltung. Was den Teil der tatsächlichen Durchführung betrifft, so gibt es wohl kaum ein besseres Beispiel für das Zutreffen von »Murphys (ersten) Gesetz«: *Anything that can go wrong, will go wrong* – mein Glück, wenn es im konkreten Fall nicht mir sondern einem Kollegen widerfährt.

Die allein mir persönlich widerfahrenen oder bekannten Vorfälle im Rahmen von Schülerfahrten würden ausreichen, hierüber ein separates Buch zu schreiben. Angefangen bei minder erwähnenswerten (aber immer wieder auftretenden) Verstößen gegen das Rauchverbot über Alkohol- oder Drogenmissbrauch (bis hin zum Exzess), Aufenthalten in fremden (i.d.R. nicht gleichgeschlechtlich belegten) Betten, Auslösen des Feueralarmes, Waffenbesitz (und sei es auch »nur« ein Messer mit feststehender Klinge), Abhandenkommen von und nervenzermürbender Suche nach Schülern insbesondere in Großstädten (weil genau dann per Handy nicht erreichbar: Akku leer), Androhungen des Verweises seitens der Unterkunftsleitung bis hin zu mehr oder minder schweren Unfällen (erst kürzlich wieder, Mitte Juni 2019 in Schwaförden [Landkreis Diepholz, Nds.], gar mit tödlichem Ausgang) oder Prügeleien mit Körperverletzungen – hier und dort schon einmal mit Polizeikontakt. Nachtruhe für die begleitenden Lehrer ist hier häufig ein lediglich wünschenswerter Zustand.

13.) Natürlich gelten die an dieser Stelle lediglich der Vollständigkeit halber auch zu erwähnenden (zumal den Großteil der pädagogischen Arbeitszeit umfassenden), alltäglichen **Unterrichtsvor- wie auch -nachbereitungen** neben dem schulischen Unterricht als integrale Bestandteile des Lehrerberufes, ebenso wie die neben den bereits erwähnten, je nach zu unterrichtenden Haupt- oder Nebenfächern nicht selten auch an den Wochenenden, Feiertagen und anderen unterrichtsfreien Zeiten – sprich: Ferien – zu leistenden **Korrekturen** von Klassen- oder Abiturarbeiten, Lernstandserhebungen oder Zentralen Abschlussprüfungen. Und die häufig nicht unbedingt erfreulichen nachmittäglichen oder abendlichen Elterntelefonate – in begründeten Einzelfällen gar an Wochenenden.

14.) Wenn zudem alle paar Jahre der Schulleiter seinem Kollegium anlässlich einer Lehrerkonferenz versucht, möglichst schonend beizubringen, dass »demnächst wieder eine turnusmäßige **Qualitätsanalyse** ins Haus« steht, kann man die Begeisterung für die hierdurch auf das Kollegium zukommende erhebliche Zusatzarbeit förmlich den Gesichtszügen der diesbezüglich bereits erfahrenen (und entsprechend genervten) Konferenzteilnehmer entnehmen: hier zeichnen sich etliche außerschulische Sitzungsstunden in diversen Arbeits- bzw. Konzeptgruppen ab. (Die Frage nach der Sinnhaftigkeit bzw. Effizienz einer solchen »QA« ist an dieser Stelle nicht zielführend; hierzu gibt es umfangreiche Fachliteratur und auch im Internet eine lebhafte Diskussion, denn es geht mir mit dieser Auflistung lediglich um eine möglichst objektive und umfassende [inhaltliche] Darstellung des Lehreralltages.)

15.) Als Berufseinsteiger weiß man bereits und nimmt es entsprechend auch billigend in kauf, dass man – außer bei beruflich Selbstständigen weitgehend einzigartig – sein für die Berufsausübung benötigtes **Arbeitsmaterial** (z.B. auch PCs) selbst kaufen (sprich: abzüglich des steuerlich absetzbaren Anteils selbst bezahlen) muss. Nicht zu billigen, aber leider häufig gängige Praxis ist dementgegen, dass Lehrer an vielen Schulen die für den Unterricht unverzichtbaren Fotokopien – i.d.R. abzüglich eines bestimmten Kontingents – auch selbst bezahlen müssen (ein Verfahren, welches nicht nur rechtlich fragwürdig erscheint, sondern vor allem sachlich als unvertretbar erachtet werden kann).

16.) Wie in nahezu jedem Beruf, in welchem mehrere Kollegen miteinander interagieren – sprich: kollegial auskommen, wenn nicht gar kooperieren – müssen, spielen natürlich auch bei den Lehrern **gruppendynamische Prozesse** eine sowohl für den Output (sprich: Lehrerfolg) als insbesondere auch für die Arbeitszufriedenheit und somit für die Psyche eine (mit-)entscheidende Rolle. In kaum einem anderen Berufsfeld jedoch ist die auf Teamgeist angewiesene Gruppe zahlenmäßig (abhängig u.a. von der jeweiligen Schulform und -größe) so groß wie bei den Lehrerkollegien. Wenn man Glück hat (und das ist lt. einer VBE-Studie gar nicht einmal so selten; s.u.), ist man an einer Schule tätig, in welcher das »Betriebsklima« so gut ist, dass sich die Lehrer gar darauf freuen, ihre Kollegen morgens (und vor allem auch nach den Schulferien) wiederzusehen. Aber auch hier findet sich eine große Bandbreite unterschiedlichster Erfahrungen, bis hin zu gegenseitigem Misstrauen (von »Bücher aus Schuleigentum werden ausgeliehen aber nicht retourniert« bis zu »Ich kann keinen Markenkugelschreiber auf meinem Platz im Lehrerzimmer liegen lassen«) und bisweilen mangels notwendiger Kooperationsbereitschaft einzelner oder gar mehrerer Kollegen zwangsläufigem Einzelkämpferdasein – eine hinsichtlich des gewünschten Output sicher kontraproduktive Grundeinstellung.

Bewusst stark pauschalisierend und somit gezielt provokativ kritisiert Sigrid Wagner »Inkompetenz, Neid und Mobbing unter den Kollegen« [a.a.O.]. In einem Interview mit dem *Deutschlandfunk* vom 20.09.2018 im Zusammenhang mit der o.e. Umfrage »Wie geht's?« stellt die damals stellv. Landesvorsitzende des VBE Wibke Poth dementgegen insgesamt positiv fest: »Es herrscht ein großes Wir-Gefühl an der Schule, also das Schulklima ist an vielen Schulen gut« [www.deutschlandfunk.de/ umfrage-der-lehrergewerkschaft-schulen-brauchen.680.de.html?dram:article_id=428625]. Ausführlich beschreibt – und bestätigt meine hier zentrale These gleichermaßen – Frau Poth an dieser Stelle aber auch, wie laut einer Umfrage des VBE Lehrkräfte nicht nur die räumliche und sächliche Ausstattung an Schulen bemängeln, sondern die schlechten Bedingungen auch dafür sorgten, dass der Lehrerberuf für junge Menschen weniger attraktiv werde [vgl. ebd.].

17.) An vielen bundesdeutschen Schulen (in NRW im Schuljahr 2018/19 an jeder neunten, im Jahr zuvor gar an jeder siebten) werden lt. DPA-Mitteilung [WZ, 18.03.2019] **fehlende Schulleiter** beklagt (weniger im Sek. II-Bereich, dafür umso mehr in den übrigen Schulstufen oder -formen; die Ursachen hierfür scheinen an dieser Stelle zunächst irrelevant, sind aber zumindest teilweise auch auf den sich stetig verschärfenden Lehrermangel zurückzuführen), was sich natürlicherweise – wie auch ich viele Monate lang erfahren »durfte« – auch auf die Zusatzbelastung der Lehrkräfte auswirkt, denn die zu erledigende Arbeit und die zu überneh- menden Verantwortlichkeiten müssen ja schließlich, neben den stellver- tretenden Schulleitungen, auch vom gesamten Kollegium mitgeschultert werden.

Gemäß einer dpa-Stichprobenumfrage bei den Bildungsministerien der Länder sind bundesweit (Stand: Dezember 2019) »an mehr als 1000 öf- fentlichen Schulen die Rektorenposten vakant« [hier zit. nach www.ta- gesschau.de vom 15.12.2019], weswegen einzelne Bundesländer (Aus- nahme: Bayern, wo dieses Problem offenbar nicht besteht) nunmehr pla- nen, Anreize für diese Führungsaufgaben durch Gehaltsverbesserungen zu schaffen. »Betroffen sind vor allem Grundschulen. Wo die Rektoren fehlen, werden in der Regel Lehrkräfte kommissarisch als Chefs einge- setzt« [ebd.], grundsätzlich jedoch zunächst (in NRW bspw. für ein Jahr) ohne jedwede Zulage zum Lehrergehalt. »An Schulen liege manchmal nur eine Gehaltsstufe zwischen Lehrer- und Rektorengehalt, was vielleicht 500 Euro brutto ausmache. Außerdem werde die Schülerschaft schwieriger und die Eltern seien 'anspruchsvoller geworden'«, sagt der DLV-Präsident Meidinger gem. *tagesschau.de* hierzu [ebd.]. Der Lehrermangel verschärft dieses Problem zusätzlich: »Es gibt Grundschulleiter, die endlos Vertre- tungsstunden machen«, so Meidinger [hier zit. nach WZ vom 16.12.2019]. Analog zu meiner These bzw. Grafik zum sich selbst verstärkenden Lehrer- mangel (an späterer Stelle) zeigt sich dieses Phänomen offenbar auch mit Blick auf den Schulleitermangel insbesondere an Grundschulen – mit ent- sprechenden Auswirkungen auf die hier angeführten Zusatzbelastungen: Lehrermangel => Mehrbelastung für Schulleiter => Schulleitermangel => Mehrbelastung für Lehrerkollegium …

18.) **Unterrichtsausfälle** sind, zunächst einmal unabhängig von deren Ursachen, objektiv betrachtet natürlich schon immer grundsätzlich ne- gativ zu beurteilen gewesen. Die sich in der kürzeren Vergangenheit erwiesene – wohl zweifelsfrei vornehmlich durch den zunehmenden Lehrermangel bedingte – Anzahl der ausgefallenen oder fachfremd vertretenen (und damit fachlich-inhaltlich weitgehend ineffektiven) Unterrichtsstunden hat z.B. in NRW (hier mit knapp 5 Prozent Ausfallquote [lt. NRW Schulministerium gem. WZ vom 22.05.2019]) dazu geführt, dass die Schulleitungen, basierend auf den Angaben der jeweils unterrichtenden Lehrer, die jeweilige Bezirks- bzw. Landesregierung über den täglichen Stundenausfall anhand einer Software informieren müssen. Dass sich hieraus täglich ein zusätzlicher Dokumentations- bzw. Verwaltungsaufwand für alle Beteiligten ergibt, liegt auf der Hand. (Die u.a. von der damaligen NRW-Landesvorsitzenden der GEW Dorothea Schäfer kritisierte flächendeckende Methode wäre zudem hinsichtlich der Relation von Aufwand zu Sinnhaftigkeit zu hinterfragen: »Sie bereitet den Lehrern viel Arbeit. Ich habe etliche Anträge von Schulleitungen auf dem Tisch liegen, die eine Abschaffung fordern« [ebd.])

Gleich ob krankheits- oder strukturell bedingt (Abwesenheit z.B. aufgrund von Klassenfahrten oder Fortbildungen), führen Unterrichtsausfälle unvermeidlich dazu, dass man als Fachlehrer im geplanten Fortschritt des Lehrstoffes zurückfällt und somit in Gefahr gerät, die vorgegebenen, zum Schuljahresende lehrplanmäßig vor allem in den Hauptfächern zu erreichenden Lernziele nicht mehr erreichen zu können und die Schüler dann nicht auf demselben Stand sind wie die der Parallelklassen. Entsprechende ‚Wissenslücken‘ zum Beginn des Folgeschuljahres sind dann unvermeidlich. Für kürzere Phasen der Abwesenheit gibt es sicher eine gewisse zeitliche »Pufferzone«, bei längeren, insbesondere krankheitsbedingten Ausfallzeiten kann sich schnell ein psychischer Druck entwickeln, den Lehrfortschritt (nicht den Lernfortschritt!) zum eigentlich ungewollten Nachteil der Schüler entweder durch eine anschließend schnellere Vorgehensweise oder durch Weglassen einzelner Inhalte zu beschleunigen. Oder eben die Vorgaben nicht erreicht zu haben. Dass Fehlzeiten durch Vertretungsstunden kompensiert werden können (s.o.), entspricht eher einem Wunschdenken als der Realität.

19.) Schulische Entscheidungen wie insbesondere Notengebungen, Versetzungen oder Disziplinarmaßnahmen sind de jure Verwaltungsakte und somit als solche justiziabel. In unserem demokratischen Rechtsstaat ist es somit zweifelsohne zunächst als uneingeschränkt positiv zu werten, wenn sich Schüler bzw. deren Eltern gegen pädagogische Willkür oder (gezielte?) Benachteiligung insbesondere bei der Notengebung auf dem **Rechtswege** zur Wehr setzen können. Jedoch: »Schulexperten berichten auf breiter Front davon, dass Eltern zunehmend zur juristischen Keule greifen, statt Probleme konstruktiv lösen zu wollen« [Anwalt und Schulrechtsexperte Dr. Henning Schulte im Busch, zit. u.a. nach der *Süddeutschen Zeitung* vom 18.06.2019]. Anscheinend (so zumindest die Wahrnehmung einiger Lehrer wie i.Ü. auch Eltern) mehren sich in den letzten Jahren zudem die Fälle, in denen vornehmlich betuchte Eltern, vor allem wenn diese als Juristen tätig sind, prinzipiell zunächst erst einmal Widerspruch gegen vermeintlich benachteiligende Notengebungen einlegen und somit eine Welle von – oft überflüssigen, weil nicht gerechtfertigten – bürokratischen Tätigkeiten auf Verwaltungs-, Schulleitungs- wie natürlich auch auf Lehrerebene in Gang setzen. Natürlich kann man einem begründeten Widerspruch (den es de facto ja auch geben kann) als professioneller Pädagoge durch eine – ohnehin geforderte – höchstmögliche Transparenz in der Notengebung weitgehend begegnen und hat somit dann keinerlei berufliche Sanktionen zu befürchten; der zeitliche Zusatzaufwand und damit die unnötige – meist auch psychische – Zusatzbelastung durch die Bearbeitung eines Widerspruchs bleibt jedoch.

In seinem Buch »Diese Note akzeptieren wir nicht« [München 2019] beschreibt der Sek. II-Pädagoge und promovierte Rechtswissenschaftler mit Schwerpunkt Schulrecht Dr. Thomas Böhm anhand mehrerer Beispiele, wie Eltern – u.a. aufgrund des gestiegenen Notendrucks (Stichwort: NC) – vermehrt versuchen, einem Erhalt schlechter Schulnoten ihrer Kinder auf juristischem Wege entgegenzuwirken.

Bereits im Mai 2016 wird unter *www.schulleiter.de* festgestellt: »Die Inanspruchnahme des Rechtswegs gegen Nichtversetzungen oder Nichtzulassungen zu Abschlussprüfungen hat in den vergangenen Jahren deutlich zugenommen.« Hier gibt es auch wichtige Tipps für Lehrer, mit dieser zunehmenden Problematik umzugehen [www.schulleiter.de/rechtsarchiv/themenwoche-1-recht/wann-und-wie-eltern-gegen-schlechte-noten-einspruch-einlegen-koennen]. Dieser sich fortsetzende Trend wird im Juli 2019 sowohl von der damals neuen GEW-Vorsitzenden für NRW, Maike Finnern, als auch von der seinerzeitigen Vorsitzenden der NRW Landeselternkonferenz, Anke Staar, bestätigt [s. u. a. WZ vom 10.07.2019]. Die Eltern werden in diesem Zusammenhang zunehmend »als eines der größten Probleme im Schulalltag benannt« [ebd.]. Weiter heißt es dort unter Bezug auf den Bundesvorsitzenden des VBE, Udo Beckmann: »Während 2018 noch zwölf Prozent der Schulleiter die Eltern nach Lehrermangel, Inklusion/Integration, Ausstattung und Gebäuden zu den größten Schulproblemen zählten, waren es in diesem Jahr schon 19 Prozent.« Beckmann zufolge ist die sinkende Bereitschaft zur Konfliktlösung bei Eltern schichtunabhängig, »Unterschiede gibt es nur in der Vorgehensweise. Bei höherer Bildung wird mit dem Anwalt gedroht, bei Eltern mit einem anderen sozioökonomischen Hintergrund kommt es eher zu direkten verbalen Angriffen« [ebd.]. Unabhängig von der konkreten Vorgehensweise handelt es sich hierbei wohl zweifelsfrei um eine Kategorie (neben der stetig zunehmenden Verletzung von Persönlichkeitsrechten von Lehrern durch anonyme Veröffentlichungen im Internet; vgl. bspw. www.gew.de/aktuelles/detailseite/neuigkeiten/lehrer-bashing-im-internet) des in diesem Zusammenhang zunehmend die Runde machenden Begriffes des *Lehrer-Bashing* (vom Englischen ‚bashing' für Nieder-/Runtermachen, öffentliche Beschimpfung), wie er auch in diesem Zusammenhang vom damaligen NRW-Vorsitzenden des VBE, Stefan Behlau, verwendet wird, wenn er darauf hinweist, dass es nicht hilfreich sei, »wenn am Mittagstisch sofort das Lehrer-Bashing beginne, ohne die andere Seite überhaupt zu hören« [zit. nach Ekkehard Rüger: *Wenn der elterliche Ehrgeiz zu weit geht*, WZ vom 10.07.2019].

Apropos Verletzung von Persönlichkeitsrechten: Unabhängig ob gegenüber Mitschülern oder Lehrern erfolgen auf dem Schulgelände Videoaufnahmen zunehmend via Handy, um diese sodann zu Diskriminierungszwecken ins Netz zu stellen. Zum Thema Handyverbot in deutschen Schulen (vgl. z.B. Frankreich) gibt es eine rege Diskussion im Internet. Im Landtag von Schleswig-Holstein haben bspw. »Juristen des Wissenschaftlichen Dienstes festgestellt, dass Schulen den Jugendlichen zwar verbieten dürften, ihre Handys während der Schulzeit einzuschalten. Es sei aber unverhältnismäßig, Schülern vorzuschreiben, ihre Mobiltelefone ganz zu Hause zu lassen – schließlich wollten Eltern, dass ihre Kinder erreichbar seien« [www.spiegel.de/lebenundlernen/schule/handys-an-schulen-verbieten-oder-nutzen-a-1052554.html]. Wie das gleichwohl überprüft bzw. missbräuchliche Verwendung ohne erheblichen organisatorischen wie ggf. auch Sanktionsaufwand verhindert werden soll, bleibt offen.

20.) Sei es mangels pädagogischer Alternativkonzepte oder personeller Ressourcen wie Schulsozialarbeiter oder -psychologen haben einzelne Bundesländer für deren Schulen (so z.B. auch NRW) zwischenzeitlich die Option des hinsichtlich seiner Sinnhaftigkeit nicht unumstrittenen **Trainingsraumkonzeptes** eingeführt. An den Schulen, an denen diese Methode u.a. mit dem Ziel eines möglichst störungsfreien Unterrichtes durch Entfernung der »Störfaktoren« angewendet wird, bedarf es zusätzlichen Personals zur Betreuung oder zumindest Beaufsichtigung der jeweils aus dem Unterricht (aus allen Klassen der jeweiligen Schule) entfernten, in den Trainingsraum geschickten Schüler. Da dieses i.d.R. nicht vorhanden ist, verpflichten sich Lehrer »freiwillig« (d.h. üblicherweise durch mehrheitlichen Konferenzbeschluss), diese Aufgabe außerhalb ihrer planmäßigen Unterrichtsstunden – also vor, während oder nach ihrem regulären Unterrichtstag – *zusätzlich* zu übernehmen. Die Idee, diese Zeit für ohnehin anfallende schulische Vor- oder Nachbereitungsaufgaben nutzen zu können, bleibt nach meiner Erfahrung aufgrund einer teilweise recht hohen Fluktuation vorübergehend aus dem Unterricht verbannter

Schüler »graue Theorie«. Die Teilnahme an Trainingsraummaßnahmen, die je nach Schule kurzzeitig (ca. 15 – 25 Minuten zur Bearbeitung der schriftlichen Fragen), aber auch über mehrere Unterrichtsstunden hinweg erfolgen kann, wird schülerbezogen selbstverständlich dokumentiert, so dass dies im (z.T. mehrfachen) Wiederholungsfall zwangsläufig zu einem zusätzlichen Lehrer-Elterngespräch führt (vgl. hierzu Punkt 3.2: Elterngespräche).

Das Ziel des sog. Trainingsraumkonzeptes ist nicht nur die Entfernung permanent bzw. mehrfach störender Schüler aus dem Unterricht, sondern es hat auch (anders als das vormalige, rechtlich problematische »einfache Herauswerfen«) eine pädagogische Komponente, da hierdurch die betroffenen Schüler veranlasst werden sollen, sich über ihr Fehlverhalten (schriftlich) Gedanken zu machen und dieses somit auf dem Wege der (Selbst-)Überzeugung künftig abzustellen [s. hierzu u.a. Dr. Stefan Balke: *Die Spielregeln im Klassenzimmer*, Bielefeld 2001; Dr. Stefan Balke u. André Hogenkamp: *Drei Regeln reichen aus*, Friedrich Jahresheft, Seelze 2003; www.trainingsraum.de; kritisch hierzu bspw. Jochen Bröcher: *Trainingsraum Kritik. Bedenken zu einem fragwürdigen Modell schulischer Disziplinierung*, als Download erhältlich unter www. researchgate. net/ publication/321707219].

21.) In Einzelfällen kommt es zudem auch zu Mehrbelastungen durch die gleichzeitige Lehrertätigkeit an zwei **verschiedenen Schulstandorten**, sei es aufgrund einer Aufteilung auf zwei Schulgebäude mit einer zentralen Verwaltung und einer Dependance (wie bspw. die Gutenberg-Grundschule in Gerresheim; Ratsbeschluss Düsseldorf vom 02.05.2018) oder lediglich vorübergehend aufgrund z.B. einer Zusammenlegung zweier Schulen (wie in 2019 bspw. in Krefeld das Fichte- und das Arndt-Gymnasium). «Was von vielen Lehrern (...) als belastend empfunden wird, ist die Zeit, die durchs Pendeln fürs kollegiale Gespräch in den Pausen verloren geht. Und für pädagogische Gespräche mit den Schülern, etwa über schlechte Arbeiten oder Streitigkeiten im Klassenverband« [Schulleiter Hans-Jörg Richter, WZ vom 25.02.2019].

22.) Relativ zum von mir hier recherchierten Zeitraum über die vergangenen rund 20 Jahre (09/1999 bis 11/2019) und zu der Anzahl bundesdeutscher allgemeinbildender Schulen (gut 30.000) mag die latente Lebensgefahr für Lehrer aufgrund **potentiell amoklaufender Schüler** – nämlich acht – in diesem Zusammenhang quantitativ (nicht qualitativ!) und somit hinsichtlich ihrer Eintreffenswahrscheinlichkeit als eine vernachlässigenswerte Größe erscheinen. Andererseits gibt es sicher nicht grundlos seit Jahren für entsprechende Eventualitäten verbindlich vorgeschriebene Alarmpläne und -übungen an allen bundesdeutschen Schulen. Zählt man die Menge der zahlreichen bekannten und weniger bekannten (sprich: statistisch nicht veröffentlichten) Bombendrohungen an Schulen hinzu (die Dunkelziffer ist hier offenbar recht hoch), ergibt sich gleichwohl bereits ein ganz anderes Bild psychisch zusätzlicher Belastung für allgemeinbildende Lehrkräfte (auch ich habe 2015 persönlich eine Schulevakuierung aufgrund einer Bombendrohung miterleben müssen). Zwar ist dieser Aspekt mentaler Belastung von außen nur äußerst bedingt, wenn überhaupt, reduzierbar, aber auch mit einem derart außergewöhnlichen, nicht aber grundsätzlich auszuschließenden Extremfall muss man als Lehramtsinteressent folglich rechnen.

23.) In vielen Tätigkeitsfeldern (beruflich wie ehrenamtlich), in welchen leitende Personen mit der Führung von Kindern und Jugendlichen betraut sind – so folglich insbesondere auch bei Lehrern –, haben diese die höchst verantwortungsvolle und für nicht wenige damit auch insbesondere psychisch belastende Aufgabe, eventuelle **Missbrauchsfälle** (d.h. jedwede Art körperlicher Gewalt durch Erwachsene bis hin zu sexuellem Missbrauch) zunächst als Verdachtsfall zu erkennen und zu melden. Viele Pädagogen »lösen« ihr Problem mit dieser Verantwortung (und dem hiermit verbunden zeitlichen wie formellen Zusatzaufwand) durch Wegschauen, was ihnen bzw. den Institutionen, den Schulen – i.d.R. dann auch zurecht – den Ruf einbringt, auf diesem Felde zu versagen: »Sexueller Kindesmissbrauch wird an Schulen nach Ansicht von Experten viel zu selten erkannt. Es werde derzeit viel diskutiert über das Versagen von Polizei und Jugendämtern, aber nicht über das Versagen von Schulen, kritisierte die Leiterin der Kölner Kontaktstelle «Zartbitter» gegen sexuellen Missbrauch an Mädchen und Jungen, Ursula Enders, im Landtag von Nordrhein-Westfalen« [hier zit. nach www.news4teachers.de/2020/01]. Besonders problematisch kann es dann werden, wenn der Missbrauch innerhalb der Institution selbst geschieht, zumal sodann nicht selten versucht wird, die Tat unter dem Mantel der Verschwiegenheit zu halten, um den Ruf (hier nicht nur des Lehrerberufes, sondern insbesondere der Schule) nicht zu beschädigen. Ein Lehrer kann dann, auch wenn dies nach meiner Ansicht die unrühmliche Ausnahme darstellt, schon einmal zum »Nestbeschmutzer« und daraufhin von Kollegen gemobbt werden, wenn er sich für moralisch korrektes Verhalten entscheidet. Gleichwohl sieht der Münchener Sozialpsychologe Heiner Keupp ebenso wie Ursula Enders »dringenden Handlungsbedarf, um Lehrer für die Thematik zu sensibilisieren, eine »Mauer des Schweigens« innerhalb der auf ihren Ruf bedachten Institutionen zu durchbrechen und ,Vertuschen' zu verhindern« [WZ vom 18.01.2020] – ein sicher lohnenswertes Feld für das leidige, weil bundesweit nahezu ungeregelte wie für viele Pädagogen auch lästige Thema der Lehrerfortbildung.

Nicht notwendigerweise unter dem Aspekt der lehrerberufstypischen Belastungskriterien zu subsumieren sind die auch in nahezu allen anderen verantwortungsvollen Tätigkeitsfeldern unumgänglichen beruflichen Fortbildungen, wie sie selbstverständlich auch bei den Pädagogen sinnvollerweise in regelmäßigen Abständen – d.h. nach Möglichkeit mindestens einmal jährlich – durchzuführen sind. Zwar gehört Weiterbildung bundesweit zu den schulgesetzlichen Pflichten der Lehrer, leider jedoch bleiben diesbezüglich die länderspezifischen Schulgesetze inhaltlich wie

auch quantitativ i.d.R. unkonkret. Hinsichtlich ihrer Inhalts- bzw. Themen-
wahl sind die Lehrer grundsätzlich auf sich selbst gestellt, so dass diese
oft unter eher irrationalen Gesichtspunkten (z.B. Wohnortnähe, persönlicher Interessantheitsgrad, Zeitpunkt, unverbindliche – wenn überhaupt –
Leistungsüberprüfung oder gar -bewertung) als nach inhaltlich-fachlichen
Kriterien wie bspw. Digitalisierung, Integration, Inklusion, Erkennen von
und Umgang mit Missbrauchsindizien (s.o.) oder auch pädagogisch-psy-
chologische oder fachspezifische Weiterentwicklungen vorgenommen
wird. Das hier berufsspezifische Problem liegt gleichwohl weniger in der
Fortbildung als (scheinbarer?) Selbstzweck (i.S. einer ritualisierten Pflicht-
veranstaltung) als in der Notwendigkeit, ähnlich wie im Falle krankheitsbedingten Unterrichtsausfalles die hierdurch ausgefallenen Unterrichtsstunden irgendwie (aber wie ohne zeitlichen Mehraufwand?) vor- oder
nachzuholen – oder Fortbildungsangebote wahrzunehmen, die in der sog.
unterrichtsfreien Zeit (sprich: in den Schulferien oder auch an Samstagen)
stattfinden.

Die oben aufgeführten **lehrerberufstypischen Belastungsaspekte grob
zusammenfassend auf den Punkt gebracht** bleibt zunächst festzuhal-
ten, dass einerseits der Druck und die Arbeitszeit von Lehrern per se nicht
signifikant höher ist als bei Professionen mit vergleichbarer Qualifikation,
Verantwortung und Bezahlung.

Eine von der *Max-Träger-Stiftung* der GEW in Auftrag gegebenen Expertise
belegt eine durchschnittliche Wochenarbeitszeit der Lehrer von 48:18 Stunden [Zeiterfassungsstudien zur Arbeitszeit von Lehrkräften in Deutschland, Konzepte, Methoden und Ergebnisse von Studien zu Arbeitszeiten
und Arbeitsverteilung im historischen Vergleich, Göttingen, Januar 2018].

Andererseits besteht dementgegen die Tätigkeit des Lehrers aus sehr
unterschiedlichen und anspruchsvollen Einzelaspekten, die alle irgendwie
‚unter einen Hut gebracht‘ werden müssen: Man ist inhaltlicher Experte

für wenigstens zwei Fächer, muss als Pädagoge Kinder oder junge Erwachsene betreuen und ihnen – neben der Erfüllung des schulischen Erziehungsauftrages – sein Fachwissen (Bildungsauftrag) vermitteln. Und da es auch soziale Probleme gibt, fungiert man zeitweise als Integrationskraft und Sozialarbeiter. In der Zeit außerhalb des Schulunterrichtes wird man zum Verwaltungsbeamten (oder -angestellten), der Dokumentationspflichten zu erfüllen hat. Und als Eventmanager hat man letztlich noch Klassenausflüge und Elternabende zu organisieren. In dieselbe Kerbe schlägt anlässlich des Weltlehrertages am 05.10.2019 der Verband Niedersächsischer Lehrkräfte VNL/VDR, indem er darauf verweist, dass alle Lehrkräfte »aufgrund der gesellschaftlichen Veränderungen neben ihrer eigentlichen Profession, dem Unterrichten, umfassende gesellschaftspolitische Aufgaben leisteten. Diese bestehen laut VNL/VDR im Alltag aus einer Kombination von Sozial- und Familienarbeit, Krisenmanagement, Psychologie und Therapie und dem Unterrichten« [zit. nach www.news4teachers.de/2019/10].

Diese hier beschriebene Arbeitsverdichtung erzeugt einen enormen Distress, welchem nur durch eine erhebliche Reduzierung der Komplexität (alternativ oder ergänzend evtl. auch der Pflichtstundenzahl) zu begegnen ist. Ohne eine solche – nach meiner Überzeugung dringende – Maßnahme wird es schwierig bleiben, wieder mehr bzw. ausreichend Lehramtsstudenten zu rekrutieren.

Die damalige Präsidentin des Bayerischen Lehrer- und Lehrerinnenverbandes, Simone Fleischmann, beschreibt die heutigen Anforderungen an Lehrer aus einer zusätzlichen Perspektive: »Im Zeitalter von Individualisierung, Digitalisierung und Migration sind Lehrer viel stärker gefordert als früher. Sie sollen nachholen, was Eltern bei der Erziehung versäumt haben. Sie kämpfen täglich gegen Integrationsunwillen, überforderte wie überfordernde Mütter und Väter, gegen Respektlosigkeit und Angriffe. Sie ringen mit der Inklusion und leiden unter der Reformitis der deutschen Bildungspolitiker« [*Stern* Titelbeitrag von Florian Güßgen u. Andreas Hoidu-Borchers: *Die Schule meiner Träume*, 11.04.2019] – auch wenn das letztgenannte Argument, weil m.E. nicht unbedingt treffend, in meinen obigen Ausführungen keine nähere Erwähnung findet. Ergänzend hierzu urteilt die Rektorin an der Berthold-Otto-Grundschule in Frankfurt am Main: »Das Desaster an deutschen Schulen ist flächendeckend. Zu wenige Lehrer, mangelnde technische Ausstattung, zu wenige Sozialpädagogen und Erzieher, zu wenig Geld selbst für grundlegende Reparaturen und Sanierungen – dafür zu viel Ideologie, zu viele Experimente und immer neue Aufgaben für die ohnehin mit dem Rücken zur Wand stehenden Lehrkräfte« [ebd.].

Lehrergesundheit und -motivation

Zu *Lehrergesundheit*: Die hier aufgeführte Liste der negativen bzw. in summa zumindest als negativ empfundenen Arbeitsbedingungen spiegelt lediglich den Durchschnitt bundesdeutscher Schulrealität wider; sie abstrahiert weitgehend von positiven wie negativen Spitzen wie einerseits der kollegialen Äußerung »bei uns ist das alles gar nicht so schlimm« zu entnehmen ist – löbliche, aber leider nur sehr seltene (Extrem-)Ausnahmen dieser Kategorie, an denen sowohl die Schüler als auch die Lehrer hochmotiviert sind und sich wohl fühlen, werden daher jährlich mit dem Deutschen Schulpreis ausgezeichnet – und wo andererseits (hier hauptsächlich in sozial problematischen Ballungsgebieten; Stichwort: Brennpunktschulen) der pädagogische Anspruch der Lehrer ihrem alltäglichen Überlebenskampf weichen muss (»Hauptsache, ich komme hier heil wieder raus«).

»Studien belegen: Lehrer leiden im Vergleich zu anderen Berufsgruppen doppelt so häufig an chronischer Erschöpfung« [zitiert aus der o.a. ZDF-Reihe 37° vom 18.09.2018] – und das sicher nicht »nur« aufgrund einer womöglich schwieriger gewordenen Schülerklientel.

Bereits vor über 20 Jahren widmete DER SPIEGEL einen ausführlichen Beitrag dem Thema ‚Lehrergesundheit' mit dem Titel »Diagnose: Lehrer« [Nr. 18 vom 29.04.2006]. Dem damaligen Freiburger Psychiater Joachim Bauer, dessen Zielgruppe u.a. Angstkranke und Depressive, Alzheimerpatienten und Psychotiker waren, war lt. SPIEGEL die Patientengruppe der Lehrer besonders aufgefallen weil »überproportional vertreten«. Und: »Für die bislang umfangreichste Untersuchung zur Lage der Lehrer hat der Potsdamer Psychologe Uwe Schaarschmidt knapp 8000 Pädagogen befragt. Rund 60 Prozent rechnet der Forscher zur Risikogruppe für Stresskrankheiten – die eine Hälfte von ihnen ist chronisch überfordert, die andere bereits tief resigniert.«

Unter Abwägung aller hier zunächst angeführten Aspekte pro und kontra Lehrerberufsentscheidung muss man heutzutage schon über ein gewisses Maß an Masochismus verfügen, um an der Lehrertätigkeit noch Spaß (i.S.v. Lust) zu empfinden. Alternativ hierzu genügt zum Glück vielen angehenden bzw. jungen Lehrern wie der oben zitierten Jehan Abushihab (36) aber auch ihr lobenswert hohes Maß an Idealismus (Zyniker sprechen hier gar von Naivität), welcher nach meiner Beobachtung häufig nach einigen Jahren beginnt, sich zunehmend gegen Null zu bewegen – bis zur ‚inneren Kündigung', welche gleichwohl in Abwägung mit dem Vorteil der Arbeitsplatzsicherheit meist nicht praktisch ausgesprochen wird: man quält sich dann lieber bis zum langersehnten Berufsende durch. (Die aus dem Bereich der Wirtschaft bekannten hohen Folgekosten solcher Negativeinstellungen gegenüber der jeweiligen beruflichen Tätigkeit treffen zweifelsfrei auch auf den schulischen Bereich zu.) Diese (nicht nur) meine Haltung zur Problematik einer Entscheidung für den Lehrerberuf wird zudem unterstützt durch die Meldung [dpa, 15.04.2018] über knapp 23.000 Straftaten (einschließlich Nötigungen und Beleidigungen auch gegenüber Lehrkräften) allein an Schulen in NRW im Jahr 2017 – Tendenz steigend.

Die aktuell feststellbare Folge: Weniger Lehrer, dadurch eine zunehmende qualitative wie insbesondere auch quantitative Belastung – oder gar eine Überforderung? Auch hier findet sich wieder die besagte Spirale nach unten, deren negativen Entwicklungsprozess es dringend in einen positiven umzukehren gilt – idealerweise durch Umkehrung des in diesen meinen Ausführungen zigmal verwendeten Begriffes ‚zunehmend' in ‚abnehmend' (vgl. hierzu meine spätere These zum Effekt gegenseitiger Verstärkung).

Zum Aspekt der zunehmenden zeitlich-quantitativen Belastung passt die mir kürzlich von einer ehemaligen (noch jungen) Kollegin gestellte – und bereits jetzt resignativ anmutende – Frage » ... wir arbeiten nur und haben kein Privatleben. Vielleicht ist es normal so bei den Lehrern?« Wenngleich eine solche Frage auch von Berufsvertretern vieler anderer Branchen gestellt werden könnte, so steht sie doch symptomatisch auch und besonders für den Lehrerberuf.

Zu *Motivationshemmer*: Neben der o.e. Problematik mit der Lehrergesundheit bestehen mit Blick auf die Berufsentscheidung pro Lehramt in mehreren Bundesländern gleichwohl noch weitere, nicht gerade unwesentliche Motivationshemmnisse. Da gibt es zunächst, wie es die *WELT* ausdrückt, den »Motivations-Gau« insbesondere für angehende wie junge bereits angestellte Lehrer: »Man stelle sich vor, eine Firma bildet einen Mitarbeiter aus, gibt ihm einen Vertrag über die künftige Anstellung – und schickt ihn trotzdem zum Arbeitsamt. Für sechs Wochen. Von besonderer Wertschätzung für die Nachwuchskraft kündet ein solches Verhalten natürlich nicht, in der freien Wirtschaft würde man es wohl als absurd bezeichnen. Doch es ist gängige Praxis. Und zwar ausgerechnet in der staatlichen Lehrerausbildung (hier insbes. bezogen auf Baden-Württemberg, d. Verf.). Dort werden gerade junge Lehrer immer wieder für den Zeitraum der Sommerferien von ihrem Ausbilder, dem Staat, genötigt, zum Arbeitsamt zu gehen« [www.welt.de/politik/deutschland/article201310944 vom 02.10.2019]. Die, zurückhaltend ausgedrückt, unangenehme Folge: »Da das Referendariat in dem Bundesland nur

18 Monate dauert, erwerben die Junglehrer auch keinen Anspruch auf Arbeitslosengeld I. Sie müssen Hartz IV beantragen. Für den einen oder anderen dürfte das gerade nach Studium und erfolgreichem Absolvieren des Referendariats eine recht unschöne Erfahrung sein« [ebd.]. Aber auch junge, bereits angestellte (nicht verbeamtete!) Lehrer kann diese Praxis treffen; denn:»Das Gleiche gilt für angestellte Vertretungslehrer, die schon länger im Schuldienst sind (aber noch keine Festanstellung bekommen haben; d. Verf.). Selbst wenn sie für das folgende Schuljahr schon wieder eine Zusage haben, so entsteht doch oft für die Zeit der Sommerferien eine Lücke, die sie schließen müssen.« Und weiter heißt es hierzu [ebd.]:»Besonders die Länder Baden-Württemberg, Niedersachsen und Hamburg sparen die Sommerferien von der Gehaltsfortzahlung aus. Der Philologenverband geht von 4000 Lehrern aus, die davon betroffen sind, zusätzlich zu den Referendaren. Allein in Baden-Württemberg sind es wiederum 2000.« Auch wenn nicht explizit dort mit aufgezählt, so weiß ich von einer solchen Vorgehensweise auch aus NRW. Ein Kommentar meinerseits zu dieser bundesstaatlichen – ganz bestimmt nicht unbedingt motivationsfördernden – Sparmaßnahme auf Kosten angehender Lehrkräfte (und i.Ü. auch zu Lasten der Sozialkassen) erübrigt sich wohl.

Gleichermaßen nicht sonderlich motivationsfördernd für eine Entscheidung pro Lehrerberuf (das sei an dieser Stelle der Vollständigkeit halber auch noch angemerkt) ist die leider noch immer bestehende Ungleichheit – und damit die wohl unbestreitbare Ungerechtigkeit – der unterschiedlichen Bezahlung von verbeamteten und angestellten Lehrern (und hier zeichnet sich mittel- bis langfristig keinerlei Verbesserung ab). *Equal pay* – die zu Recht immer wieder erhobene Forderung einer gleichen Bezahlung für gleiche Arbeit – wird bei den Lehrern (wie bei allen Angestellten im Öffentlichen Dienst) geschlechtsspezifisch zwar seit geraumer Zeit umgesetzt, nicht aber inhaltsbezogen. So ist der erhebliche Einkommens- und Ruhegehaltsunterschied zwischen den beiden genannten Lehrergruppen (d.h.: die Nichtanpassung der Angestelltengehälter wie auch der Altersversorgung an die der Verbeamteten) bestenfalls fiskalisch begründbar, moralisch aber keineswegs nachvollziehbar. Da kann bei den angestellten Kollegen (häufig also auch bei den Berufsanfängern) schon Frust aufkommen.

Seit Jahrzehnten ist die *Schutzgemeinschaft angestellter Lehrerinnen und Lehrer NRW* (SchaLL.NRW e.V.) bemüht, dieser Vergütungsungleichheit entgegenzutreten – bislang erfolglos. Ein von der Schutzgemeinschaft in Auftrag gegebenes und am 22.06.2018 veröffentlichtes Gutachten belegt diese extrem hohen Einkommensunterschiede von bis zu 1.000 € brutto monatlich [siehe hierzu https://www.schall-nrw.de/fileadmin/dokumente/ Dokumente/SchaLL_NRW_Tarifgutachten_2018.pdf].

In diesem Zusammenhang (Stichwort: Besoldungsgerechtigkeit) bleibt auch die Frage zu stellen, in wie weit eine schulstufenabhängige Besoldung der Lehrkräfte heutzutage noch gerechtfertigt erscheint. »Trotz veränderter Lehrerausbildung, gleich langem Studium und Referendariat, trotz der Tatsache, dass alle Lehrkräfte – unabhängig von Schulstufe und -form – heute Schlüsselqualifikationen vermitteln, unterliegt die Bezahlung in NRW (und nicht nur dort; d. Verf.) immer noch einem sozialen Ranking aus dem 19. Jahrhundert« [Tanja Brockers, Stadtverbandsvorsitzende des VBE Krefeld, WZ vom 17.12.2018]. Es sei überfällig, hier eine Korrektur vorzunehmen [ebd.].

Der damalige KMK-Präsident Holter (s.o.) ist im *ARD Morgenmagazin* vom 21.08.2018 der Überzeugung: »Die Wertschätzung für die Lehrerinnen und Lehrer muss insgesamt größer werden, der Lehrerberuf (…) ist ja entwertet worden und wir brauchen eine höhere Wertschätzung auch über das Gehalt und ich bin der Überzeugung, dass hier Unterschiede im Gehalt nicht mehr zeitgemäß sind.« Einmal davon abgesehen, dass der oben bereits angesprochene Aspekt der Wertschätzung (Lehrerimage) sicher nicht durch eine höhere Bezahlung kompensierbar ist, so ist die hier angesprochene Kritik an der unterschiedlichen Bezahlung nach Schulstufe sicher inhaltlich nachvollziehbar.

Ebenfalls sachlich wenig nachvollziehbar (wenngleich rechtlich-politisch mit dem föderalen Regierungssystem der BRD begründbar) ist der Einkommensunterschied von Lehrern je nach Bundesland; zusätzlich ungleich durch die anfängliche Einstufung (nach dem Referendariat) in unterschiedliche Besoldungsgruppen (z.B. A12 oder A13). Da muss man sich bspw. in NRW nicht darüber wundern, wenn es ausgebildete Lehrer in ein anderes Bundesland zieht – was den aktuellen Lehrermangel in diesem Bundesland sicher noch, wenngleich wohl nicht maßgeblich, verschärft.

Nicht unmittelbar den Motivationsaspekt der Lehrer berührt zwar die kontinuierliche Zerstrittenheit der Länder z.B. hinsichtlich einer bundesweiten Vereinheitlichung der Abschlüsse oder Bewertungskriterien sowie bspw. der Absprachen über die Ferienregelungen. Andererseits zeigt sich bereits hier, wie schwierig es sich gestaltet, mit Blick auf die bundesdeutsche (länderübergreifende) Bildungspolitik Einigungen zu erzielen, wenn landesspezifische Egoismen hier immer wieder in den Vordergrund treten. Diese Konflikte werden somit auf den Rücken von Schülern, Eltern und auch Lehrern ausgetragen. Während man in der *Ständigen Konferenz der Kultusminister der Länder in der Bundesrepublik Deutschland* (KMK) aus diesem Grunde bemüht ist, »in Angelegenheiten von länderübergreifender Bedeutung (...) für das notwendige Maß an Gemeinsamkeit in Bildung, Wissenschaft und Kultur« zu sorgen [www.kmk.org/kmk/aufgaben.html; hier siehe auch Aufgabendetails], hatte man sich auf politischer Ebene im Koalitionsvertrag von CDU, CSU und SPD zunächst auf die Schaffung eines *Nationalen Bildungsrates* verständigt, welcher, ähnlich dem Wissenschaftsrat, zwar keinerlei Entscheidungskompetenzen besitzen sollte, aber lt. *RedaktionsNetzwerk* Deutschland (RND) durch dessen Zusammensetzung u.a. aus Bildungsexperten (anstelle von ausschließlich interessegeleiteten Landespolitikern) ein Gremium bildete, »das die Länder und den Bund in Sachen Bildungspolitik berät. Eines der Ziele: Die Experten sollten mit ihren Empfehlungen helfen, Qualität, Transparenz und Vergleichbarkeit im Bildungssystem zu erhöhen« [www.rnd.de/politik, 25.11.2019]. Der Ausstieg Bayerns und Baden-Württembergs aus diesem Projekt Ende November 2019, welches somit auch die KMK unterstützend das Ziel einer wohl zweifelsfrei dringend notwendigen Vereinheitlichung der bundesdeutschen Bildungspolitik verfolgen sollte, erfährt hierdurch einen enormen Rückschlag, auch wenn NRW-Ministerpräsident Armin Laschet, ähnlich wie dessen Schulministerin Gebauer, dieses Gremium »für verzichtbar« hält [vgl. Rheinische Post vom 26.11.2019], obwohl er es in den Koalitionsverhandlungen mit vereinbart hatte. Qualität, Transparenz und Vergleichbarkeit im Bildungssystem (s.o.) sind gleichwohl wichtige Voraussetzungen für das mit diesem Buch propagierte Ziel von *Schule als Schaltstelle unserer Zukunft* (s.o.) – vor allem aber der Zukunft unserer nachfolgenden Generationen.

Exkurs für potentielle Lehramtsinteressenten

Wer auf die auch in diesem Zusammenhang langfristig bindende und lebensinhaltsentscheidende Frage »Willst Du trotz aller hier aufgeführten widrigen Rahmenbedingungen den Beruf des Lehrers ergreifen« auch nach reiflicher Überlegung mit »Ja, ich will« antwortet, sollte sich zusätzlich die selbstkritische Frage stellen, ob er zudem über die hierfür unabdingbaren extrafunktionalen Qualifikationen verfügt, um nicht letztlich am Beruf selbst zu scheitern, was ebenso fatale Folgen für den individuellen Lebenslauf mit sich brächte wie ein Scheitern an den oben aufgeführten berufstypischen Rahmenbedingungen. Zu diesen ‚Soft Skills‘ zählen vor allem Empathievermögen, Ausdauer, Belastbarkeit, ein ausgeprägter Gerechtigkeitssinn, Toleranz, Einsatzbereitschaft, Konfliktfähigkeit und

Durchsetzungsvermögen wie nicht zuletzt auch Teamfähigkeit. Und eine hohe Frustrationstoleranz (auch und insbesondere für den Zeitraum des Referendariats). Lebenslange Lern- und Fortbildungsbereitschaft sind hier gleichermaßen vorausgesetzt wie in wohl allen anderen verantwortungsvollen Berufszweigen.

Ad Gerechtigkeitssinn – oder auch Objektivitätsvermögen: Diese Schlüsselqualifikation ist Grundvoraussetzung zur Vermeidung von falschen, weil subjektiv geleiteten Beurteilungen, welche ein intendiert guter Lehrer ja grundsätzlich vermeiden möchte. Dies gilt nicht nur für Verhaltenssanktionen, sondern vor allem auch für die Leistungsbeurteilung, sprich: Notengebung (als gerichtlich einklagbarer Verwaltungsakt, s.o.). Eigentlich eine Selbstverständlichkeit, sollte man meinen. Diverse Untersuchungen bestätigen gleichwohl, wie schwierig es sein kann, sich als Lehrer hierbei nicht von Äußerlichkeiten beeinflussen zu lassen, angefangen bereits beim äußeren Erscheinungsbild (Haartracht, Kleidung/Mode allgemein, aber auch Geruch) bis hin – kaum zu glauben, aber erwiesen – zum Namen des Schülers. Prof. Dr. Jochen Brandtstädter und Diplom-Psychochoge Günter Krampen untersuchten in einer Studie bereits aus dem Jahre 1979 das »Spannungsfeld zwischen persönlichen Wertorientierungen und Zielsetzungen einerseits, rollenspezifischen Erwartungen und (...) Konformitätszwängen andererseits« [Psychologie in Erziehung und Unterricht, 26. Jg. 1979, S. 140] und erläuterten das in diesem Zusammenhang zentrale Problemfeld: »Betrachtet man speziell das Berufsfeld des Lehrers, so scheinen hier neben Rollenerwartungen von Eltern und Schülern insbesondere die innerhalb der eigenen Berufsgruppe prävalenten Normen und Zielorientierungen von besonderer Wichtigkeit« [ebd.]. Dass bspw. Kevins und Justins bei gleicher Leistung bisweilen (hier: von Grundschullehrern) schlechter beurteilt werden als Jungen, die Alexander oder Maximilian heißen, legt lt. SPIEGEL eine Studie der Universität Oldenburg aus 2010 nahe [www. spiegel.de vom 24.08.2010]. Zu einem ähnlichen Ergebnis komme die Uni Oldenburg ein Jahr zuvor mit Blick auf die eher positiv belegten Mädchennamen Charlotte, Nele, Marie, Emma und Katharina. »Auf der Negativliste standen Mandy, Chantal und Jaqueline« [ebd.]. Ein potentieller Lehramts-bewerber sollte sich zuvor folglich die selbstkritische Frage stellen, ob er sich – natürlich nur subjektiv beurteilt – von derart vorurteilsbasierten Fehleinschätzungen bzw. -beurteilungen grundsätzlich freisprechen kann.

Der künftige Lehrer muss sich darüber im Klaren sein, dass er es tagtäglich mit jungen und somit mehr oder weniger (meist aber mehr) unreifen Indi-viduen zu tun hat mit der Zielsetzung, deren Reifegrad in klein(st)en, oft zunächst unmerklichen weil nur bedingt operationalisierbaren Schritten von Beginn an weitestmöglich an einen der langfristig angestrebten ko-gnitiven wie affektiven Reifegrade (sprich: Schulabschlüsse) anzunähern, wie es dem pädagogischen Bildungs- und Erziehungsauftrag der bundes-deutschen Schulgesetze entspricht. Reine ‚ratiolastige' Sachorientierung fern jedweder Emotionalität kann bei vielen Berufen von erheblichem Vorteil sein, bei dem des Pädagogen kann sie sich gleichwohl – auf allen schulischen Ebenen, ganz besonders aber im Grundschulbereich wie auch in der Sekundarstufe I – kontraproduktiv auswirken.

Und um im obigen Bild zu bleiben: Ist einmal der ‚berufliche Bund' geschlossen, ist es beim Lehrerberuf deutlich schwieriger als bspw. im Bereich der Wirtschaft oder der Verwaltung, zu einem späteren Zeit-punkt – aus welchem Grund auch immer (meist ist es dann jedoch die oben bereits ausführlich begründete Unzufriedenheit oder psychische Überlastung) – einen alternativen Beruf anzustreben, weil die als Lehrer erworbenen funktionalen Qualifikationen i.d.R. dort nicht oder nur sehr bedingt nutzbar sind. Ein Berufswechsel erfordert inhaltlich meist (außer bspw. im sozialen Bereich) einen nahezu kompletten Neustart: man fängt bei Null an, gehört altersmäßig dann jedoch eher zu den ‚Fortgeschrit-tenen', was in diesem Falle grundsätzlich weniger zum Vorteil geruht.

Hauptteil II.

Fazit: Vorfahrt für Bildung!

Wer sich fragt, wie der zunehmende Lehrermangel am wirksamsten – und pädagogisch sinnvollsten – zu bekämpfen ist, ist gut beraten, nicht lediglich durch materielle (hier: finanzielle) Anreize oder Imagekampagnen an den Symptomen hierfür ,herumzudoktern', sondern sich auf deren Ursachen zu konzentrieren. Auch die zwischenzeitlich in einzelnen Bundesländern erfolgte Erhöhung der Lehramtsstudienplätze, um dem eingangs erwähnten ,Schweinezyklus' entgegenzuwirken, ist unter den gegenwärtigen, im ersten Hauptteil dieses Buches ausführlich dargestellten widrigen (Rahmen-)Bedingungen nicht effektiv genug, um den tatsächlichen Lehrerbedarf zu decken. Mangels ausreichender (Studien-)Interessenten entspricht folglich weiterhin das personelle Angebot (qua Lehramtskandidaten) rein quantitativ bei Weitem nicht der jeweils bundesstaatlichen Nachfrage (qua benötigte Lehrer). Die ökonomische Lehrformel, dass bei einem die Nachfrage (Lehrerbedarf) nicht deckenden Angebot (Lehramtsinteressenten) die Preise (sprich: das Gehalt als materielles Motiv) steigen müssten, ist weder aus fiskalischer Sicht umsetzbar, noch pädagogisch sinnvoll. Und sie greift hier auch nicht, denn auch ein höheres Gehalt würde unter den beschriebenen Bedingungen nicht zu einer signifikant steigenden Anzahl von Lehramtsinteressenten führen (und selbst wenn, dann lediglich aus dem o.e. materiellen Motiv heraus – keine wünschenswerte Ausgangslage für die Rekrutierung inhaltlich bzw. pädagogisch engagierten Personals). Um das personelle Angebot in bedarfsgerechtem Umfang zu steigern, bleibt hier offenbar lediglich eine Verbesserung der Rahmenbedingungen als auch pädagogisch vernünftige Option. Sicher ist richtig: »DIE Lösung gegen Lehrermangel gibt es nicht« [KOMMUNAL. vom 17.08.2017: *Ideen gegen den Lehrermangel?*], aber es gibt einen entscheidenden Lösungsansatz zur Reduzierung der hier umfassend geschilderten Problematik: die Beseitigung der Entscheidungshemmnisse für den Lehrerberuf durch eine erhebliche Verbesserung der Rahmenbedingungen.

Aufgrund der genannten, sich stetig zum Negativen fortentwickelnden Rahmenbedingungen schulischer Arbeit ist es Lehrern i.d.R. nicht mehr möglich, ihrem eigentlichen Bildungs- und Erziehungsauftrag (und -motiv) in ausreichendem Maße gerecht zu werden. Die bereits in vielen Bundesländern eingeleitete quantitative Erhöhung des Stellenangebots für Lehrer – in NRW sollen es in 2019 lt. Schulministerin Gebauer 949 Stellen werden [WZ vom 27.09.2018] – ist sicher ein richtiger und notwendiger, aber nicht hinreichender Weg, dem aktuellen Bildungsdilemma zu begegnen [vgl. Stefan Behlau, VBE, s.o.]. Zur Erreichung dieses Zieles müssen begleitend die bekannten marktwirtschaftlichen Prinzipien angewandt werden, wie sie jedes langfristig erfolgreiche Unternehmen nahezu alltäglich praktiziert: Um zusätzliche Nachfrage (anders als oben jetzt bezogen auf die Arbeitsplatznachfrage potentieller Bewerber) zu generieren, zumindest aber um die Nachfrage nicht rückläufig werden zu lassen (das ist ja schließlich genau das, was bei der Lehrernachfrage gegenwärtig geschieht), wird das (hier jetzt öffentliche) Angebot kontinuierlich auf dem bestmöglichen Stand gehalten. **Auf der Angebotsseite müssen also die Grundlagen für eine hierauf basierende Nachfragesteigerung geschaffen werden, denn anderenfalls werden die für die hier kritischen Schulformen zusätzlich geschaffenen Lehrerstellen weitgehend unbesetzt bleiben,** zumal der aktuelle Arbeitsmarkt auch für Akademiker aufgrund des gleichermaßen in vielen anderen Berufsfeldern bestehenden Personalmangels (vgl. Vorbemerkung) mehr als ausreichend Alternativen bietet. Zutreffenderweise stellt der vormalige KMK-Präsident Helmut Holter fest: »Wir sind gemeinsam dazu aufgerufen, jede Anstrengung zu unternehmen, um den künftigen Bedarf zu decken« [WZ vom 12.10.2018]. Die (Bedarfs-) Vorausberechnungen dienten den Ländern dazu, zu reagieren. »Es müssen mehr Lehrer ausgebildet werden« [ebd.] – aber woher nehmen, Herr Holter, wenn die Rahmenbedingungen für diesen vermeintlich schönsten Beruf der Welt nicht (mehr) stimmen? Gleichermaßen stellt die Einrichtung einer Vertretungsreserve von 8 (Dorothea Schäfer, GEW) oder 5 Prozent (Sven Christoffer, stellv. Vorsitzender von Lehrer NRW) über einer 100-Prozent-Versorgung der Schulen zwecks Vermeidung von Unterrichtsausfall [vgl. WZ vom 22.03.2019] eine gut gemeinte Forderung dar – dazu muss aber erst einmal das notwendige Personal hierfür vorhanden sein.

Laut einer Vorausberechnung der *Bertelsmann Stiftung* [Studie *Schüler-Boom: Zehntausende zusätzliche Lehrer und Klassenräume notwendig*, Gütersloh 2017] werden im Jahr 2025 voraussichtlich 8,3 Mio. Schüler die bundesdeutschen Schulen besuchen. »Die Kultusministerkonferenz (KMK) geht bisher für 2025 (aber, d. Verf.) nur von 7,2 Millionen Schülern aus« – das sind gut 1 Mio. Schüler mehr als von der Politik geplant. Allein diese Zahlen sind mit Blick auf den absehbaren bundesdeutschen Bildungsmangel alarmierend, zeigen sie doch die Vorprogrammierung eines entsprechenden (weiter steigenden) Lehrermangels aufgrund politischer Fehlplanungen, wie sie i.Ü. auch vom damaligen KMK-Präsidenten und seit 2017 gleichermaßen Minister für Bildung, Jugend und Sport in Thüringen Holter (s.o.) im ARD Morgenmagazin vom 21.08.2018 eingeräumt werden – hier gar ohne Berücksichtigung des in diesem Buch begründeten voraussehbaren Nachfragerückganges für den Lehrerberuf.

Der Lehrerberuf muss allem voran für potentielle – und insbesondere geeignete und inhaltlich motivierte – Interessenten attraktiver werden. Und dies (abgesehen von dem o.e. Benachteiligungsaspekt der angestellten Lehrkräfte) nicht notwendigerweise durch eine bessere Bezahlung (eine Ausnahme stellt hier als ein weiteres aktuelles Personalproblem die verhältnismäßig betrachtet auch noch nach neuerlichen

Verbesserungen unterbezahlte Schulleiterposition dar), sondern **durch eine spürbare Entlastung sowohl im qualitativ-inhaltlichen, quantitativen wie auch psychischen Bereich.** Die zunehmende Anzahl von Lehrer-Burnouts kommt nicht von irgendwo. »Die Rehakliniken sind voll mit burnoutgeschädigten Lehrern. Nur einer von zehn Lehrern erreicht das normale Rentenalter« [Sigrid Wagner, a.a.O.]. Im *Stern* [s.o.] beispielsweise wurde der Lehrerberuf bereits vor 15 Jahren als »Höllenjob auf Lebenszeit« bezeichnet (was dem oben [s. Lehrergesundheit] bereits angesprochenen, dort gleichwohl nicht unbedingt seriös gemeinten weil mehrheitlich wohl auch nicht zutreffenden ‚Masochismusmotiv' entspräche). Die Forderung nach einer entsprechenden Entlastung wie auch nach einer materiellen Verbesserung in den genannten Bereichen drängt sich hier unweigerlich auf. Der Möglichkeiten hierfür gibt es viele; nicht nur – aber auch – durch Verkleinerung der Klassenstärken, Verringerung der Pflichtstundenzahl oder eine deutlich spürbare Optimierung der diversen hier aufgeführten strukturellen Rahmenbedingungen auf den verschiedenen Ebenen – vorausgesetzt, das hierfür benötigte Personal ist überhaupt vorhanden. Neben die zweifelsfrei sinnvolle schülerorientierte Pädagogik muss hier also dringend auch ein spürbares Maß an **Lehrerorientierung** (nicht zu verwechseln mit Lehrerzentrierung!) treten.

Im Anschluss an die Anfang März 2019 abgeschlossenen Tarifverhandlungen für den öffentlichen Dienst forderte z.B. auch die GEW-Vorsitzende Marlies Tepe (s.o.) mit Blick auf die oben bereits angesprochene, auch nunmehr weiterhin bestehende Ungleichbehandlung nichtverbeamteter Lehrer und den kausal hierfür ausführlich begründeten Lehrermangel: »Unser Beruf muss attraktiver werden. Der Lehrkräftemangel ist jetzt schon ganz erheblich« [WZ, 04.03.2019].

Ein möglicher, wenn nicht gar notwendiger Weg einer Lehrerentlastung insbesondere auf dem Feld nicht originärer Lehrertätigkeit (ergänzend zum berufsimmanenten Erziehungsauftrag) liegt (oder läge?) bspw. auch in der Einstellung zusätzlicher, (sozial-)pädagogisch unterstützender Mitarbeiter wie Schulsozialarbeiter, sozialpädagogische Fachkräfte und Schulpsychologen und hierdurch der Bildung sog. multiprofessioneller Teams (MPT). »Und auch Gesundheitsfachkräfte könnten in den Schulen unterstützend wirken« [Wibke Poth, VBE, s.o.].

Ohne an dieser Stelle das politisch wie emotional höchst kontroverse Feld der Eliteschulen oder -bildung thematisieren zu wollen, kann man hierzulande von den US-amerikanischen Eliteuniversitäten, der sog. *Ivy League*, sicher eines lernen, das zweifelsohne auch auf bundesdeutsche Schulen (wie auch Universitäten) übertragbar wäre: dort werden die lästigen Bürokratie- und Dokumentationspflichten etwa, mit denen Lehrer (und auch Professoren) in Deutschland zu kämpfen haben, von speziell hierfür eingestellten Mitarbeitern erledigt; denn zusätzlich zu einer merklichen Komplexitätsreduktion senkt man hierdurch gleichermaßen die Opportunitätskosten der Lehrkräfte spürbar. Diese sind im Ergebnis dann also nicht nur weniger belastet, sondern haben auch mehr Zeit, sich ihren eigentlichen Aufgaben zu widmen (Ergebnis: Output-Optimierung).

Bildungsökonomen gehen bei der Beurteilung der Forderung nach kleineren – also kostenintensiveren – Lerngruppen (zunächst also vor allem – neben einer deutlich verbesserten medialen Ausstattung der Schulen – nach mehr Lehrern und schulischen Räumlichkeiten) oder gar weniger Unterrichtsstunden pro Lehrer von der rein arithmetischen Input-Output-Relation aus, wenn sie (wohl zurecht) behaupten, dass eine Erhöhung des Input (also des Lehrerangebotes i.S.v. Schüler-/Lehrerrelation) nicht einer analogen Erhöhung des Output entspricht [vgl. z.B. Ludger Wössmann: Letzte Chance für gute Schulen, 2007, o.O.]; wodurch im Umkehrschluss evtl. noch größere Lerngruppen rein ökonomisch betrachtet gar noch sinnvoller weil unterm Strich (betriebswirtschaftlich, nicht volkswirtschaftlich nachhaltig betrachtet) kostengünstiger wären. Wenn aber eine merkliche Qualitätssteigerung des Output im Mittelpunkt unseres

Bildungsstaates BRD stehen soll, geht an einer überproportionalen finanziellen Investition in die Ressource Bildung (und hier insbesondere zunächst in den materiellen Bereich) kein Weg vorbei – eine Investition in die Zukunft nicht »nur« unserer Kinder, sondern auch und besonders unseres anderenfalls gefährdeten Wohlfahrtsstaates.

Die Folgen defizitärer Bildung zeigen sich zunehmend auch in der politischen Radikalisierung insbesondere, aber nicht ausschließlich, auf dem Felde populistischer und damit demokratieschädlicher Tendenzen. Wie Prof. Dr. Aladin El-Mafaalani (Politikwissenschaftler an der FH Münster mit Schwerpunkt Bildungsforschung) anlässlich des NRW-Landesgewerkschaftstages am 25.11.2017 in Duisburg referierte, ist eine deutlich zu verbessernde Bildung gleichermaßen zur Verhinderung einer gesellschaftlichen Spaltung (»soziale Segregation«) dringend vonnöten [vgl. www.gew-nrw.de/meldungen/detail-meldungen/news/schule-muss-armut-in-den-mittelpunkt-ruecken.html] – auch wenn sich Herr El-Mafaalani in seinem Buch *Mythos Bildung* [Köln, Februar 2020] hiermit eher – zutreffenderweise – auf eine (schul-)strukturell bedingte soziale Ungerechtigkeit unseres Bildungssystems bezieht und davon überzeugt ist, dass man mit Bildung »kein einziges der großen gesellschaftlichen Probleme« löst [ebd.]. Wenn er damit u.a. »die vielen offenen Fragen der Digitalisierung, den fortschreitenden Klimawandel oder den Umgang mit globaler Migration« [ebd.] meint, möchte ich dem zumindest nicht grundsätzlich widersprechen. Wie oben begründet gehören nach meiner Überzeugung aber auch und insbesondere die aktuellen populistischen Tendenzen (mit all ihren extremistischen Erscheinungsformen) zu den großen gesellschaftlichen Problemen, denen durchaus auf dem Wege optimierter Bildung entgegengewirkt werden kann – bzw. muss, und sei es zunächst »nur« im Bereich der politischen wie humanistischen Bildung.

Eine – zumindest tendenzielle – Korrelation von defizitärer Bildung und populistischen oder gar neonationalistischen Tendenzen kann ernsthaft sicher nicht bezweifelt werden: je (nicht nur politisch, historisch oder soziologisch) ungebildeter ein Mensch ist, desto weniger interessiert er sich für die komplexe (auch weil daher subjektiv zu schwierige) Thematik von Politik und Wirtschaft und überlässt im minder schwerwiegenden Fall seine Wahlentscheidungen Dritten; oder – in der Auswirkung deutlich negativer – er neigt zu vermeintlich einfachen, bis hin zu verfassungswidrigen Lösungen – oder lässt sich hierzu gar von rhetorisch geschulten Demagogen (jedweder Couleur) mitreißen. Es darf mit Verweis auf Oskar Negt [*Der politische Mensch. Demokratie als Lebensform*, Göttingen 2010] davon ausgegangen werden:»Demokratie ist die einzige politisch verfasste Gesellschaftsordnung, die gelernt werden muss – immer wieder, täglich und bis ins hohe Alter hinein«. Die Betonung liegt in diesem Zusammenhang auf aktivem, hier durch individuell gesteuerte Denkprozesse bewirktem *Lernen* (was psychologisch betrachtet ja letztlich lästige, weil i.d.R. anstrengende mentale Arbeit bedeutet), wo sich der Kreis zu *Bildung* schließt. Und:»Gerade heute stellt sich die drängende Frage, wie es mit der politischen Bildung bestellt ist, wenn man die Entwicklungen des Populismus, des Nationalismus und der Autokratie in Ländern wie Russland, USA, Frankreich und Türkei, aber auch Deutschland (AfD) bedenkt«[*Demokratie und Bildung*, Zeitschrift für Weiterbildungsforschung, Juni 2017]. Grundsätzlich gilt der hier dargestellte Zusammenhang von Bildung und Anfälligkeit gegenüber populistisch motivierten Bestrebungen (oder vielleicht besser: populistisch basierten Argumentationen) sicher gleichermaßen für alle politischen Richtungen; wenn man dem Chefredakteur von *Welt*, Ulf Poschardt, Glauben schenken mag, gar bei den Grünen [vgl. www.welt. de vom 06.10.2010: *Die Grünen, Volkspartei des aufgeklärten Populismus*]. Die wirkliche Gefahr für unsere Demokratie geht derzeit gleichwohl – geprägt u.a. von Nationalismus, Rassismus, Antisemitismus, Sexismus und Homophobie – eher vom rechtsextremen Flügel des bundesdeutschen Parteienspektrums aus, dessen Meinungsführern und Anhängern offensichtlich jedwede humanistische Gesinnung abhandengekommen ist (so sie denn jemals vorhanden gewesen sein sollte).

In diesem Zusammenhang bemerkenswert (oder gar alarmierend?) ist die Tatsache, dass gemäß der am 15.10.2019 in Berlin veröffentlichten 18. Shell-Jugendstudie 24 Prozent der Jugendlichen zu der Gruppe der ,Populismus-Geneigten' zählen (diese wird hier nochmals in fünf ,Populismuskategorien' unterteilt, auch werden hier an dieser Stelle eher irrelevante Intensitätsunterschiede zwischen west- und ostdeutschen Jugendlichen herausgestellt), wobei auch in der Zusammenfassung der Studie (gleichermaßen auf S. 17) meine hiesige These betätigt wird: **»Je höher die Bildungsposition, desto geringer die Populismusaffinität (...) während es bei Jugendlichen mit niedriger Bildungsposition entgegengesetzt ist.«**

Die oben erwähnte Korrelationsthese manifestiert sich in zwei sich gegenseitig bedingenden Merkmalen defizitärer Bildung. Einerseits: je weniger Bildung, desto geringer das Einkommen und damit umso höher die (wirtschaftlichen) Zukunftsängste in Verbindung mit tatsächlicher oder drohender Arbeitslosigkeit (was in marktwirtschaftlich-kapitalistischen Wirtschaftssystemen zunächst als durchaus ,normal' zu betrachten ist). Andererseits: Je weniger Bildung (oder gar kognitive Strukturiertheit), umso höher die Neigung zu einfachen (Schwarz/Weiß-)Lösungsansätzen, wie sie von den sogenannten populistischen Parteien angeboten werden. Eine solche Korrelation wurde mir von Prof. Dr. Klaus Hurrelmann in einem persönlichen Gespräch im Anschluss an einen Vortrag in Krefeld am 12.09.2019 (hier mit Schwerpunkt Generationenforschung) tendenziell dahingehend bestätigt, als es lt. Hurrelmann ausreichend wissenschaftliche Belege hierfür gäbe. Aufgrund der Komplexität der politischen Gesamtproblematik werden die von den etablierten Parteien angebotenen (und daher nicht immer leicht nachvollziehbaren) Lösungsansätze als »Gemischtwarenladen« [Hurrelmann] zugunsten einfach erscheinender Zukunftslösungen– zwangsläufig – ignoriert. Das Lernen (s.o.: Negt) und eventuelle Akzeptieren abweichender Meinungen (und damit deren – psychologisch problematische – Integration in eigene Denkmuster mit der möglichen Folge gar einer Abkehr von der eigenen vorherigen Haltung) ist nicht nur zu anstrengend, es scheint aufgrund des hierfür notwendigen – neben elterlicher Erziehung ausschließlich durch Bildung generierbaren! – Potentials gar unmöglich.

Ein scheinbarer (?), hier zunächst nicht aufzulösender Widerspruch zu dem oben Gesagten besteht gleichwohl bei Betrachtung der Ergebnisse des *Bildungsmonitors* aus 2019, wo Sachsen – zumindest im Gesamtranking und bei den einzelnen Betrachtungsfeldern Schulqualität, Förderinfrastruktur und Bildungsarmut – auf Platz Eins innerhalb der BRD rangiert [www.insm-bildungsmonitor.de], hier die AfD jedoch mit 25,2 Prozent ihren bundesweit größten Wählerzuspruch genießt. Auch im bundesdeutschen Vergleich der einzelnen PISA-Studien rangiert Sachsen seit langem vornehmlich unter den ersten fünf Plätzen, in 2006 belegte der Freistaat lt. *Stern* vom 16.11.2008 [www.stern.de/politik/deutschland/pisa-studie-darum-ist-sachsen-so-gut-3737592.html] gar in allen drei Disziplinen (Mathematik, Naturwissenschaften und Lesekompetenz) Platz Eins – eine *Stern*-Platzierung, welche bei genauerer Betrachtung der 2006er-Studie gleichwohl mit Blick auf die dort zugrunde gelegten Kriterien zu hinterfragen und hinsichtlich ihrer diesbezüglichen Aussagekraft zu differenzieren ist [vgl. www.pisa.tum.de/fileadmin/woobgi/www/Berichtsbaende_und_Zusammenfassungen/Zusfsg_PISA2006_national.pdf]. Interessant jedoch im Zusammenhang mit meiner Forderung bspw. nach kleineren Klassen bzw. Lerngruppen ist die Begründung für den qualitativen Bildungs-Output sächsischer Schulen: »Lehrer, Pädagogen und Bildungspolitiker loben vor allem, dass in sächsischen Klassenzimmern vergleichsweise wenig Schüler sitzen. So kommen in Sachsen 22,6 Schüler auf eine Klasse, in Nordrhein-Westfalen 26,6. ‚Die Lehrerversorgung ist im Osten recht gut‘, sagt Heinz-Peter Meidinger, Vorsitzender des Deutschen Philologenverbands« [ebd.]. Auch der geringe Anteil an Migrantenkindern habe lt. *Stern* zum PISA-Erfolg der Sachsen beigetragen. »Lediglich 3,7 Prozent der Schüler an allgemeinbildenden Schulen des Freistaats kommen aus

Familien mit Nicht-Deutschen Wurzeln, in anderen Bundesländern sind es bis zu zehnmal mehr« [ebd.].

Ein Video, das im Rahmen eines Projekts der Klasse *Visuelle Systeme* an der Universität der Künste zu Berlin entstand (betreut von Prof. David Skopec), fasst den Zusammenhang von Bildung und politischer Teilhabe in gut fünf Minuten zusammen: »Die Chancen, aktiv an der politischen Willensbildung teilzunehmen, sind unterschiedlich verteilt: Personen mit einem niedrigen Bildungsabschluss beteiligen sich deutlich weniger an demokratischen Prozessen als gut ausgebildete Personen. (...) Der enge Zusammenhang von sozialer Ungleichheit und politischer Teilhabe untergräbt langfristig die Legitimität demokratischen Regierens« [Begleittext zum Video *Die soziale Frage der Demokratie*, s. www.bpb.de/ gesellschaft/bildung/zukunft-bildung/185936/ video-die-soziale-frage-der-demokratie].

Sicher ist die sich häufig schon gebetsmühlenartig wiederholende Forderung nach (noch) mehr Geld für die Bildung kein Allheilmittel; durch einen deutlich höheren finanziellen Einsatz an den richtigen Stellen – mit dem zunächst vorrangigen Ziel einer spürbaren Entlastung der Lehrkräfte – ließen sich gleichwohl viele (natürlich nicht alle) der oben beschriebenen zentralen Probleme mit dem Nachwuchs an geeigneten und nachhaltig motivierten Lehrkräften wenn nicht völlig kompensieren, zumindest aber spürbar verringern mit der Konsequenz eines qualitativ dringend verbesserten Output.

Apropos ‚Unterrichtsqualität': Einen sicher auch gut gemeinten, gleichwohl per se nicht hinreichenden Ansatz stellt die sog. *Qualitätsoffensive Lehrerausbildung* des Bundes dar; denn wo keine (oder zumindest nicht genügend) Lehrer vorhanden sind, ist deren Unterrichtsqualität auch nicht durch die dort formulierten Maßnahmen zu verbessern. In dieser Hinsicht hilft zunächst keine Qualitätsoffensive, sondern eher (zumindest aber parallel hierzu) eine **Attraktivitätsoffensive**: »Mittelfristig muss der Lehrerberuf wieder attraktiver gemacht werden. Das gilt nicht nur für das Gehalt, sondern insbesondere für die Rahmenbedingungen. Lehr-kräfte sind in Deutschland systematisch überlastet worden: Inklusion, Integration, große Klassen, immer mehr Verwaltungsaufgaben, extreme psychische Mehrbelastungen in den sogenannten Brennpunktschulen. Wir brauchen bessere Arbeitsbedingungen und Rahmenbedingungen für Deutschlands Schulen« [Heinz-Peter Meidinger, DL-Präsident in *ZDF heute* vom 11.10.2018 anlässlich der an diesem Tage begonnenen Kultus-ministerkonferenz].

Einen ähnlichen Standpunkt stellt die Aussage von Stefan Nierfeld (dama-liges SchaLL NRW-Vorstandsmitglied) dar, wenn dieser – hier mit Blick auf die, wie er sagt, »skandalöse(n) Einkommensunterschiede trotz gleicher Qualifikation und Tätigkeit« – fordert, dass die Landesregierung hier »um-gehend Abhilfe schaffen« müsse; denn wenn man vernünftige Arbeits-bedingungen schaffe, brauche es keine teuren Werbekampagnen für den Lehrerberuf, wie NRW-Schulministerin Gebauer sie angestoßen habe [vgl. WZ vom 26.06.2018].

Und – sorry! – noch einmal: Wir brauchen bessere Arbeitsbedingun-gen (u.a. deutlich kleinere Klassen), nicht eine höhere Besoldung – evtl. gar durch eine von der Landesregierung NRW gegenwärtig erwogene ‚Brennpunktzulage' (als Positivsanktion) in Gebieten mit besonders ho-hem Lehrermangel. Extreme Züge nehmen dahingehende Überlegungen gleichwohl an, als Lehrer gegen ihren Willen, teilweise gar über große Entfernungen hinweg (ähnlich einer – nicht sonderlich motivierenden – Negativsanktion) an solche Problemschulen versetzt werden sollen. Wer will sich, bitteschön, unter solchen Bedingungen noch für das Lehramt bewerben?

Zur Bewältigung des extremen und damit besonders alarmierenden Leh-rermangels im Bereich der Brennpunktschulen erwägt die NRW Schulmi-nisterin (Stand: 2019) finanzielle Zulagen (böse Zungen sprechen hier eher von Schmerzensgeld) für Lehrer, die sich bereit erklären, die psychischen Herausforderungen in Brennpunktregionen (hier: des Ruhrgebietes) anzunehmen, da dem hohen Bedarf offenbar keinerlei Nachfrage gegenübersteht. »Mitte Februar (2019, d. Verf.) waren in NRW 845 Lehrerstellen an Grundschulen nicht besetzt. Besonders betroffen: das Ruhrgebiet und soziale Brennpunkte. Offenbar will dort einfach kein Lehrer hin. Selbst die Lehrergewerkschaft GEW fordert deshalb jetzt drastische Maßnahmen. Zum einen sollen Lehrer mit einer sogenannten Brennpunktzulage gelockt werden und zum anderen soll das Land Lehrer auch gegen deren Willen an bestimmte Schulen schicken dürfen« [WDR 1: Schulen ohne Bewerber, Westpol vom 31.03.2019; s.: www1.wdr.de/nachrichten/ruhrgebiet/gelsenkirchen-fordert-mittel-gegen-lehrermangel-100.html]. Bereits am Jahresende 2018 (konkret am 27.12.2018) hieß es in einer WZ-Schlagzeile: »Bezirksregierung beordert Lehrer aus dem Münsterland nach Gelsenkirchen«. In den WDR-Nachrichten vom 20.08.2019 heißt es anlässlich des extremen Lehrermangels in Gelsenkirchen nun erneut: »In einer Resolution hatten die Politiker im Gelsenkirchener Rat (SPD, CDU, Grüne) ein Sofortprogramm gegen den Lehrermangel gefordert. (...) An den Schulen Nordrhein-Westfalens ist die Zahl der unbesetzten Stellen gestiegen. Wie aus einer Vorlage des Finanzministeriums an den Personalausschuss des Düsseldorfer Landtags hervorgeht, gab es zum Stichtag 1. April im gesamten schulischen Bereich 1.077 offene Stellen mehr als noch im Januar« [www1.wdr.de/nachrichten/ruhrgebiet/gelsenkirchen-fordert-mittel-gegen-lehrermangel-100.html].

Ergänzend hierzu sei aus einer SPD-Vorlage an den Unterausschuss Personal des Haushalts- und Finanzausschusses des Landtages NRW (Vorlage 17/2127) angemerkt, dass »im Jahr 2018 laut Auskunft der Landesregierung mehr als 5.800 Lehrerstellen nicht besetzt« waren und »die Zahl der unbesetzten Stellen an den Schulen in den ersten vier Monaten des Jahres 2019 (sogar, Anm. d. Verf.) auf 7.400 angestiegen« sei – eine hinsichtlich der hier zentralen Problematik des bundesweiten Lehrermangels sicher nicht ermutigende Tendenz, wie sie sich ähnlich, wenngleich in unterschiedlichem Ausmaße, auch in anderen Bundesländern zeigt.

Ein Ansatz zur Attraktivitätssteigerung des Lehrerberufes durch eine Verbesserung der Arbeitsbedingungen, die Ausstattung der Lehrkräfte mit digitalen Arbeitsgeräten, wie sie bspw. von der *NRW-Landtagsfraktion Bündnis 90/Die Grünen* gefordert wird [Antrag vom 15.01.2019, Drucksache 17/4796], ist sicher ein guter Schritt in die richtige Richtung, reicht aber bei Weitem nicht aus, potentiellen Lehrern ihr pädagogisches Handeln so zu erleichtern (sprich: den Lehrerberuf insgesamt derart attraktiver zu gestalten), dass es zu dem wünschenswerten Effekt einer wieder steigenden Zahl von Lehramtsbewerbern kommt.

Hierzu passt die am 06.05.2019 vom VBE veröffentlichte Studie, die u.a. belegt, dass bundesweit die Pädagogen lediglich an jeder fünften (in NRW gar an jeder zehnten) Schule über einen Dienst-PC verfügen. 19 Prozent (in NRW sogar 27 Prozent) aller Lehrkräfte haben danach nicht einmal eine dienstliche E-Mail-Adresse. Hierzu kritisiert der VBE-NRW-Landesvorsitzende Stefan Behlau, dass es für Lehrkräfte »unfassbar frustrierend (ist), beste Bildung ermöglichen zu wollen, aber weder die Technik noch die nötige Fortbildung oder Konzepte zur Verfügung zu haben« [dpa; zit. nach WZ, 07.05.2019]. An mehr als einem Drittel aller Schulen (in NRW, d. Verf.) sei zudem kein Fachpersonal für die Betreuung der IT-Ausstattung im Einsatz. Stattdessen kümmerten sich vor allem Lehrer, im Einzelfall auch Schüler oder Eltern darum. Diese Praxis wird von Behlau insbesondere deswegen kritisiert, weil die Lehrkräfte ihre Zeit »schließlich für ihre eigentlichen Aufgaben« benötigten [ebd.] (vgl. oben: Opportunitätskosten).

Die häufig als Gegenargument geäußerte Frage, wie all diese (bezogen auf die hier dargestellte umfangreiche Mängelliste weitgehend als objektiv gerechtfertigt akzeptierten) Forderungen denn finanziert werden sollen, darf sich mit Blick auf unsere Zukunft gar nicht erst stellen; denn kein ökonomisch denkender, zukunftsorientierter Unternehmer würde die Frage nach den notwendigen finanziellen Mitteln für eine für den erfolgreichen Fortbestand seines Unternehmens dringend notwendige Investition überhaupt stellen (können). Die Alternative wäre unweigerlich der Bankrott – wohl keine Option für unser Land.

Laut dem schulpolitischen Sprecher der NRW-SPD, Jochen Ott, investiert Deutschland »bisher weniger als im OECD-Schnitt für die Bildung«, und zwar »30 Milliarden zu wenig« [WZ, 22.12.2018] – pro Jahr [lt. *Handelsblatt News* vom 12.09.2017].

Eurostat stellte bspw. für das Jahr 2015 fest, dass kaum ein EU-Land (Platz 22 von 28!) – gemessen an den gesamten Staatsausgaben – so wenig in Bildung investiert wie die BRD [s. www.finanzen100.de]. Und am 27.02.2019 hat die EU-Kommission Deutschland ermahnt, neben infrastrukturellen Maßnahmen (wie insbes. Straßenbau) mehr in Bildung zu investieren – »Deutschland steckt der EU-Kommission zufolge trotz des historisch hohen Haushaltsüberschusses zu wenig Geld in Straßen und Schulen« [https://de.investing.com]. In 2019 sprechen wir hier bspw. von rd. 19 Milliarden Euro (ein Plus von 13,5 Mrd. zzgl. 5,5 Mrd. aus Rücklagen) – natürlich kommen hier nicht nur mit Bezug auf meine hiesigen Forderungen allseits (nachvollziehbare) Begehrlichkeiten auf.

Wenngleich mit einer anderen Zielsetzung (der Verbesserung der unter sozialem Gesichtspunkt natürlich auch nicht unwichtigen Teilhabechancen) stellt der Autor einer jüngst veröffentlichten Vergleichsstudie der Bildungssysteme der deutschen Bundesländer im *Bildungsmonitor* (s.o.), Axel Plünnecke, sicher zutreffend und somit meine Forderung stützend fest: »Durch gezielte Ausgaben in Forschung und Bildung können Wirtschaftswachstum und Teilhabe gestärkt und dadurch der Wohlstand langfristig gesichert werden« [hier zit. nach www.t-online.de vom 15.08.2019] und fordert: »Aktuell werden von Staat und Privat in Deutschland gut neun Prozent des Bruttoinlandsprodukts für Bildung und Forschung ausgegeben. Diese Marke sollte auf zehn Prozent steigen« [ebd.]. Es bleibt jedoch stark zu bezweifeln, dass der dort genannte Erhöhungsfaktor (für Bildung *und* Forschung insgesamt) von knapp einem Prozent (bei einem BIP von 3,344 Mrd. € in 2018 [s. https://de.statista.com/themen/26/bip] entspräche dies einer Erhöhung von rd. 33 Mio € p.a.) auf absehbare Zeit auch nur annäherungsweise für eine signifikante Verbesserung der Arbeitsbedingungen der Lehrer an den bundesdeutschen allgemeinbildenden Schulen *und* der sozialen Teilhabechancen ausreicht.

Der Präsident des DLV, Heinz-Peter Meidinger (s.o.), erinnerte anlässlich des o.e. Weltlehrertages daran, »dass die Anforderungen an den Lehrerberuf in den letzten Jahrzehnten angesichts von wachsender Heterogenität der Schülerschaft, Integrationsproblemen, Inklusion und Digitalisierung enorm gestiegen seien« [s.o. www.news4teachers.de] und bestätigte mit Blick auf die rückläufige gesellschaftliche Wertschätzung des Lehrerberufes (vgl. Thema ‚Vorurteile') die oben ausführlich dargestellte Problematik mit folgenden Worten: »Wer zulässt, dass befristet angestellte Lehrkräfte während der Ferien regelmäßig entlassen werden, wer den Schulen und Lehrern bei steigenden Gewaltvorfällen und zunehmendem Cybermobbing nicht aktiv beisteht und wer zulässt, dass die Arbeitsbelastung von Lehrkräften ständig steigt, muss sich nicht wundern, wenn dieser an sich so erfüllende und wichtige Beruf von immer weniger jungen Menschen angestrebt wird. Das muss sich dringend ändern!« [ebd.]. Meine Rede.

Ergo:

Ein potentieller Lehramtsanwärter, der sich fragt, ob der im oben (unter Pkt. 1.) u.a. angemerkten TV-Beitrag des BR realistisch wiedergegebene Lehreralltag sein künftiges Berufsleben maßgeblich darstellen soll, wird sich unter den gegenwärtigen Umständen nur äußerst bedingt für den Lehrerberuf entscheiden. »Wir brauchen eigentlich die Besten. Aber unter den Umständen bekommen wir die sicher nicht« [Simone Fleischmann, a.a.O.]. Diese (oben ausführlich begründete) These spiegelt sich wider in der dem Buch vorgeschalteten Aussage zu meiner persönlichen Berufsentscheidung, wie sie nach eigenen Umfragen weniger von Lehrern der Sekundarstufe II, in hohem Maße aber von Grundschul- und insbesondere von Sek. I-Lehrern (und hier zunehmend mit steigendem [Berufs-]Alter) geteilt wird.

Meiner persönlichen Haltung, dass ich mich für den Lehrerberuf nicht nochmals entscheiden würde, steht zunächst einmal das Ergebnis einer repräsentativen Umfrage des Meinungsforschungsinstituts *YouGov* unter 3.647 erwerbstätigen Bundesbürgern entgegen, nach welcher Lehrer und Ausbilder mit 82 Prozent »dabei am häufigsten an(gaben), dass sie den Beruf wieder ergreifen würden« [www.stern.de/wirtschaft/job/jobgesta-endnisse--leser-verraten--warum-sie-ihre-berufswahl-bereuen-9034318. html]. Eine daraufhin erfolgte Leserbefragung des *Stern* bestätigt dementgegen zumindest meine – erfahrungsbedingte – Unterstellung der negativen Arbeitsbedingungen als Ablehnungsgrund für die Ergreifung des Lehrerberufes, als »viele langjährig Berufstätige (Lehrer, d. Verf.) tatsächlich rundum zufrieden« sind. »Andere mögen zwar ihren Beruf prinzipiell, würden ihn aber aufgrund der Arbeitsbedingungen nicht wieder ergreifen« [ebd.]. Da bin ich offensichtlich nicht der Einzige.

Der Lehrerberuf muss folglich den pädagogischen Akteuren durch Verringerung der erdrückenden Vielzahl negativer Rahmenbedingungen (wieder) mehr Attraktivität bieten, mehr Spaß bereiten – die conditio sine qua non (verkürzt aus dem Juristenlatein etwa: eine unabdingbare Voraussetzung) für vornehmlich pädagogisch-inhaltlich interessierte (im Gegensatz zu den eher materiell motivierten) Lehramtskandidaten sowie anhaltend von ihrer Tätigkeit begeisterte und damit auch pädagogisch erfolgreiche Lehrkräfte.

Zum Wohle unserer Kinder: gute Milch von glücklichen Kühen!

Anmerkung

Hier nochmals ein Blick auf die dringend notwendige *Attraktivitätssteige-rung des Lehrerberufes*: In ihrem Begleitpapier zum NRW-Landesgewerk-schaftstag 2017 der NRW-GEW [s.o.] findet sich die hier von mir mehrfach formulierte Forderung an die (Landes-)Politik als zentraler Aspekt »drin-gend notwendige(r) Veränderungen«. Aber hat sich seither irgendetwas merklich in diese Richtung verändert? Erweist sich auch hier die größte deutsche Lehrergewerkschaft als zahnloser Tiger? Vielleicht jedoch, so meine Hoffnung, wird der einsame Rufer in der Wüste – anders als im Neuen Testament – ja doch noch einmal an entscheidender Stelle recht-zeitig ge- oder gar erhört? Vielleicht ja doch noch vor dem Erreichen des *point of no return*, wenn erst der ‚Druck hoch genug ist und der Kessel zu platzen‘ droht? Noch rechtzeitig bevor es zu spät dafür und die sich selbst verstärkende Abwärtsbewegung (s. meine nachfolgende These) letztlich unumkehrbar ist? Die somit zu erwartenden Konsequenzen nicht erfolgender massiver Investitionen in den Bildungsbereich für unser Land mit dem zunächst vornehmlichen Ziel der Attraktivitätssteigerung des Lehrerberufes habe ich oben bereits ausführlich erörtert. Denn wie sagte der französische Dramatiker, Schauspieler und Theaterdirektor Molière bereits im 17. Jahrhundert so auch auf die hier im Mittelpunkt stehende Unterlassungsproblematik zutreffend: *Wir sind nicht nur verantwortlich für das, was wir tun, sondern auch für das, was wir nicht tun.*

Für mich als Verfasser dieses Warnrufes stellt sich die zunächst zentrale Frage, ob es sich seitens der Politik noch immer um ein *Erkenntnisproblem* handelt oder ‚nur‘ noch ein *Umsetzungsproblem*. Für ersteren – und nach meinen bisherigen Erfahrungen leider mit hoher Wahrscheinlichkeit zu-treffenden – Fall hoffe ich, mit meinen hiesigen Argumenten eine wesent-liche Erkenntnislücke schließen zu können, um basierend hierauf die Pro-blematik der Umsetzung, trotz aller hiermit verbundenen (finanziellen) Herausforderungen, konsequent angehen zu können. Die Zeit drängt.

These: Zunehmender Lehrermangel führt zu überproportional höheren Bildungsdefiziten (damit auch zu überproportional defizitärer politischer Kompetenz) durch den Effekt gegenseitiger Verstärkung:

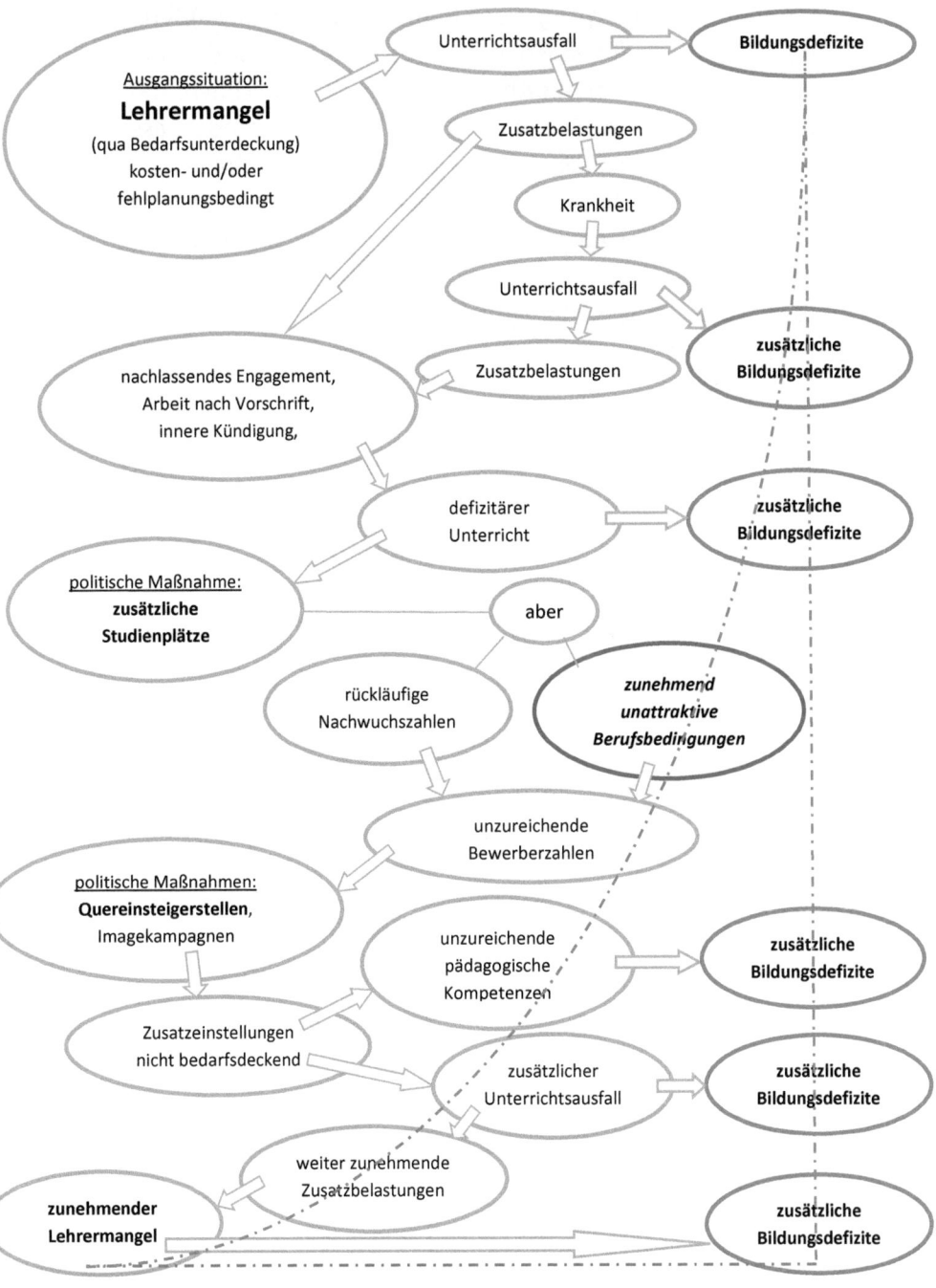

Als Modell einer sich progressiv zum Negativen fortentwickelnden, sich aufgrund der vielseitig negativen Rahmen- bzw. (Lehrer-)Berufsbedingungen selbst verstärkenden Spirale betrachtet, würde die obige Grafik lediglich den Beginn dieser Abwärtsbewegung bezeichnen, wie sie sich irgendwann, wird diese Bewegung nicht unterbrochen (oder besser noch: umgekehrt), als irreversibel erweisen wird (vergleichbar etwa mit den immer wieder verschobenen oder gar ausgebliebenen politischen Entscheidungen zur Vermeidung der Erderwärmung aus vermeintlich ökonomischen bzw. fiskalischen Gründen). Die langfristigen Folgen – auch für den Fiskus, insbesondere aber für die Gesellschaft – lassen sich bestenfalls erahnen ...

Logische Schlussfolgerung

Ein syllogistisches Musterbeispiel:

Prämisse 1:	Lehrermangel	=> defizitäre Bildung
Prämisse 2:	defizitäre Bildung	=> Demokratiegefährdung
Konsequenz:	Lehrermangel	=> Demokratiegefährdung

Aus der hier begründet unterstellten Korrelation von Lehrermangel und defizitärer Bildung einerseits und der hier gleichermaßen unterstellten Korrelation von defizitärer Bildung und demokratiegefährdenden Tendenzen andererseits kann logisch eine direkte Beziehung von zunehmendem Lehrermangel und zunehmenden demokratiegefährdenden Tendenzen geschlossen werden. Da erwiesenermaßen alle politischen Versuche der vergangenen Jahre zur Bekämpfung dieser sowohl für unsere Demokratie als auch für unseren Sozialstaat negativen Trends weitgehend gescheitert sind (die bisherigen Erfolge sind quantitativ bei Weitem nicht hinreichend), bleibt – neben der gleichermaßen notwendigen Erhöhung der Lehramtsstudienplätze bzw. Erleichterung des Studienzuganges durch Absenkung des NC – als offenbar einzige noch positiv manipulierbare Stellschraube die der Attraktivitätssteigerung des Lehrerberufes zunächst durch eine signifikante Verbesserung der meist materiellen Rahmenbedingungen.

Dass hierfür Geld – sehr viel Geld – zusätzlich in die Hand genommen werden muss, kann vernünftig nicht bezweifelt werden; denn gute Bildung braucht eine gute Finanzierung. Und beste Bildung gelingt nur mit ausreichendem und dem besten, das heißt auch zufriedenem Personal.

Ein semioptimistischer Blick in die Zukunft

Für die Behauptung, dass sich Schule – und damit Aufgaben und Funktion der Lehrer und somit wiederum der Lehrerberuf insgesamt – in den kommenden zehn Jahren (und natürlich auch darüber hinaus) spürbar verändern wird, bedarf es sicher keiner besonderen hellseherischen Fähigkeiten. Die Möglichkeiten, die sich (neben den damit verbundenen Gefahren; Stichwort: unabdingbare Medienkompetenz) mit der fortschreitenden Digitalisierung auftun, sind so immens, dass sie im Konkreten derzeit bestenfalls auf der Anmutungsebene vorstellbar sind.

Eines scheint jedoch bereits jetzt klar: das Lehren und Lernen mit Unterstützung der elektronischen Medien und die hiermit verbundenen Nutzungsmöglichkeiten von *Virtual Reality* (VR), wie sie bereits heute bei Schulung und Produktentwicklung großer Unternehmen erfolgreich genutzt wird, wird die Verlagerung in das selbstständige Lernen – weg vom schulischen Klassenzimmer – derart beeinflussen, dass Schüler ihren Lernfortschritt, sei es vor Ort in der Schule oder am heimischen PC, zeitlich wie örtlich flexibler gestalten können werden.

Schon heute ist feststellbar, dass viele Schüler den in der Schule behandelten Lernstoff mithilfe ‚digitaler Lehrer‘, wie sie auf *YouTube und Co. als Lernplattformen* [vgl. z.B. https://media-bubble.de/der-digitale-lehrer-youtube-und-co-als-lernplattformen] zu finden (allerdings inhaltlich hinsichtlich ihrer Korrektheit nicht institutionell überprüfbar) sind, zunehmend – zusätzlich – zuhause nach- oder gar erarbeiten; die Gründe hierfür sind vielfältig und müssen an dieser Stelle, weil thematisch irrelevant, zunächst außen vor bleiben. Vorteile (neben der genannten Flexibilität): die Schüler sind unabhängig von einer schulischen Lehrperson, unbeeinflusst von unterrichtstypischen Störungen, können das Lerntempo selbst bestimmen und die Übungen oder das Video so oft sie wollen wiederholen, ohne hierfür – vom Lehrer evtl. gar genervt – gerügt zu werden (soll ja auch vorkommen). Dem Vorteil des Unpersönlichen steht gleichwohl ein erheblicher Nachteil gegenüber, nämlich die fehlende Möglichkeit der spontanen Rückfrage oder auch des reflektierten (und ggf. auch diskutierten) Eigenbeitrages zum Thema. (Einige Plattformen ermöglichen auch jetzt schon Nachfragemöglichkeiten, die individuellen Antworten erfolgen gleichwohl technisch, zeitlich wie insbesondere auch quantitativ bedingt i.d.R. nicht direkt, sondern mit teils erheblicher zeitlicher Verzögerung mündlich oder [meist] schriftlich.)

Folge: Schüler werden zunehmend eigenständiger, aber weiterhin schulisch strukturiert angeleitet arbeiten (müssen), um ihre persönlichen Lern- bzw. Abschlussziele erreichen zu können.

Der Lehrer übernimmt zunehmend die Rolle eines pädagogischen Bindegliedes zwischen Schule als Lernort (auch im Zusammenhang mit der rechtlichen Komponente, der Schulpflicht) und den medialen (und hier besonders wichtig: mit Blick auf die jeweiligen Rahmenrichtlinien und Prüfungsaufgaben staatlich kontrollierten bzw. lizensierten) Lern- und Erklärprogrammen als Initiator, Moderator und Unterstützer beim Erlernen von Methoden und Inhalten (vgl. oben, Pkt. 8.: Coach-Funktion). Diese ‚neue' Lehrerfunktion gilt insbesondere in den Fächern (oder besser: fächerübergreifenden Themenbereichen), in denen sich dieser Vorteil operationalisierbar nutzen lässt, sicher nicht gleichermaßen – neben dem sportlichen – bspw. in den musischen oder geisteswissenschaftlichen – und hier wiederum speziell im sozialwissenschaftlichen – Bereich, welcher sinnvoll ohne den (professionell angeleiteten und strukturierten) Diskurs vor Ort nicht zielorientiert pädagogisch umsetzbar ist, weil es hier nicht ‚nur' um das Erlangen von (Grund-)Wissen geht, sondern um das Erlernen von auf humanistischer Bildung und Demokratieorientierung basierenden Grundhaltungen und -werten. Auch das Aneignen von durch den sich fortwährend beschleunigenden allgemeinen (weltweiten) Wissensfortschritt bedingt zunehmend in den pädagogischen Mittelpunkt rückenden Methoden- (im Gegensatz zu Fach- und Sach-) -kenntnissen ist zumindest derzeit ohne die oben dargestellten neu definierten Lehrerfunktionen nicht denkbar.

Positiver Begleiteffekt: Durch die partielle Verlagerung des Lernraumes verringert sich der hierfür benötigte Schulraum mit der Folge, dass bei gleichbleibender Lehrerzahl die Lerngruppen verkleinert werden können und hierdurch die ‚unterrichtliche' Effizienz spürbar erhöht wird (kleinere Lerngruppen bedeuten mehr aktive Einbindungsmöglichkeiten der Schüler in den ‚konventionellen' Unterricht und weniger Störungen – und hierdurch bedingt im Idealfall gar eine erhöhte Lernmotivation). Auch könnte somit gar die Pflichtstundenzahl der Lehrer zugunsten der oben ausführlich dargestellten (belastenden, häufig aber notwendigen) Zusatztätigkeiten leicht verringert werden. Das hierdurch eingesparte Budget kann verwendet werden sowohl für die Anschaffung und stetige Aktualisierung der benötigten Hard- und Software als auch zur quantitativen – und somit strukturell entlastenden! – Erhöhung des Lehrpersonals mit der Folge einer wie hier wiederholt begründet geforderten neuerlichen Erreichung einer Attraktivitätssteigerung des Lehrerberufes.

Möglicherweise wird sich durch eine derartige Veränderung zudem die gegenwärtige Klassenzielorientierung (starr jeweils mit Blick auf das Jahresabschlusszeugnis mit angestrebter Versetzung in eine höhere Jahrgangsstufe) auf eine flexiblere (gleichwohl gleichermaßen benotete) Lernzielorientierung verlagern – potentiell gar unter Veränderung des aktuellen gegliederten (nachgewiesenermaßen sozial ungerechten; Stichworte: Durchlässigkeit und Abhängigkeit von sozialer Herkunft) bundesdeutschen Schulsystems. (Das Benotungssystem als scheinobjektive Herstellung einer Leistungsvergleichbarkeit sei an dieser Stelle nicht hinterfragt.) Das System einer ‚Rumpfklasse(nstufe)' bleibt gleichwohl voraussichtlich sowohl aus organisatorischen, (schul-)rechtlichen sowie pädagogischen Gründen auch in Zukunft – gleichermaßen wie die Schule als sozialer Kontaktraum für Kinder und Jugendliche – unabdingbar. Auf weitere Spekulationen mit Blick auf die künftige Lehrerfunktion soll nunmehr verzichtet werden. Die Zukunft wird's zeigen.

All die hier genannten Vorteile einer sinnvollen Implementierung digitaler Medien in den Schulunterricht können gleichwohl nur im vollen Umfang zum Vorteil effizienterer Bildung genutzt werden, wenn unverzüglich die Grundlagen zum Ausbau der hierfür notwendigen Personaldecke geschaffen werden. Im Umkehrschluss bedeutet dies, dass ohne eine baldige Verbesserung der Arbeitsbedingungen der Lehrer die hier zunächst optimistisch anmutenden Chancen für die Zukunft von Schule und Bildung mangels der genannten dringend notwendigen Investitionen ungenutzt verpuffen werden – mit den oben bereits mehrfach erwähnten negativen Folgen für unsere Gesellschaft. Die aktuelle Untätigkeit der bundesdeutschen Regierungen (auf Bundes- wie insbesondere auf der originär hierfür zuständigen Landesebene) auf diesem Handlungsfeld dämpft folglich jeglichen Optimismus hinsichtlich einer positiven Entwicklung.

Daher ist es dringend an der Zeit, dass alle bildungspolitisch Verantwortlichen diesen Alarmruf endlich wahrnehmen und die notwendigen Konsequenzen gemeinsam, also in einer bundesweit konzertierten Aktion hieraus ziehen.

Nachwort

Bekanntermaßen nimmt der Kabarettist Volker Pispers (selbst studierter Pädagoge) in seinen Programmen immer wieder besonders gern Lehrer bzw. deren Berufsstand aufs Korn. Bei allen in diesem Zusammenhang notwendigen inhaltlichen Abstrichen aufgrund der genretypischen satirischen Überzeichnungen blitzt doch aber immer ein nicht unerhebliches Stück Wahrheit zwischen den Zeilen hervor, wie sie sich in den nachfolgenden Aussagen aus dessen Programm »Warum die deutschen Kinder immer dümmer werden« (März 2015 [5:09-Minuten-Ausschnitt unter www. youtube.com/watch?v=YwMlP1lA8pg]) trefflich widerspiegeln: »Dreimal so viel Lehrer, vernünftig ausgebildet, in vernünftigen Arbeitsbedingungen (...)«, »Wenn Sie Hauptschullehrer haben wollen in Großstädten, dann müssen Sie Schmerzensgeld bezahlen (...)«, »Wer hier über faule Lehrer spricht, soll er bitte beweisen, dass er nicht nach fünf Stunden in der Klapsmühle sitzt mit ´nem Nervenzusammenbruch« oder auch »Wenn dieses Land überhaupt noch eine Zukunft haben soll, (...) dann müssen alle Ressourcen, die wir jetzt noch haben, in die nächste Generation gepumpt werden.« – Aussagen, wie sie hinsichtlich ihres Wahrheitsgehaltes wie oben dargelegt den berühmten Nagel auf den Kopf treffen.

Der Lehrerparodisten gibt es zahlreiche, denn hierfür bietet dieser Beruf – oder besser: bieten viele Pädagogen – mehr denn ausreichend Angriffsfläche. Wenn gleichwohl »Herr Schröder« in seinen Auftritten Lehrer immer mal wieder als »Beamte mit Frustrationshintergrund« beschreibt, liegt wie meistens auch hier ein Fünkchen Realitätsbezug in dieser Aussage.

Persönliche Anmerkung

Abschließend noch eine ganz persönliche Anmerkung: Da ich ökonomische wie ökologische Nachhaltigkeit in dem Sinne, als späteren Generationen keine Nachteile durch das Handeln (oder Nichthandeln) der heutigen Akteure entstehen soll(t)en, habe ich diese Maxime stets weitestmöglich in den Mittelpunkt all meines politischen Denkens und Handelns gestellt. Unter dieser Prämisse war ich – fortwährend die Schuldenuhr des BdSt[1] vor Augen – immer auch ein vehementer Befürworter eines staatlichen Schuldenabbaus (wie er seit 2015 [absolut] bzw. 2013 [relativ zum BIP] tendenziell ja sogar vorgenommen werden konnte)[2], um zu vermeiden, im Hier und Jetzt – egoistisch und somit asozial – auf Kosten unserer Nachwelt zu leben. Neuverschuldung war für mich somit für lange Zeit ein Tabuthema. Aber unter genau diesem Aspekt befürworte ich nunmehr überproportionale Investitionen in den Bildungsbereich – als ultima ratio durch eine hierfür notwendige Neuverschuldung bis an die Grenze der verfassungsrechtlich verankerten Schuldenbremse und hierdurch eine deutlich stärkere finanzielle Entlastung der für das Bildungswesen vornehmlich zuständigen Bundesländer durch den Bund (ähnlich wie beim *DigitalPakt Schule* müssten allerdings zuvor die verfassungsmäßigen Grundlagen hierfür geschaffen werden). Die heilige Kuh der schwarzen Null muss dann eben – nicht zuungunsten, sondern zugunsten der nachfolgenden Generationen – analog dem (allerdings eher globalen und hierdurch viel komplexeren) Problem des Umweltschutzes geschlachtet werden. Diese Investition würde sich nach meiner Überzeugung auch volkswirtschaftlich betrachtet mittel- bis langfristig amortisieren. Zudem fordere ich bei der Allokation des Steueraufkommens auf die

---

1) Bund der Steuerzahler e.V. [https://www.steuerzahler.de]
2) vgl. Deutsche Bundesbank. [https://www.bundesbank.de/de/presse/pressenotizen/deutsche-staatsschulden-783598]

diversen (berechtigten) Bedarfsträger mit den Worten Peter Bofingers [Handelsblatt, s.o.] **Vorfahrt für Bildung** und schließe mit dem Zitat John F. Kennedys, der schon vor über einem halben Jahrhundert wusste: *Es gibt nur eins, was auf Dauer teurer ist als Bildung: keine Bildung* – was sicher gleichermaßen auch – mit Blick auf das hier zentrale Thema – für zu wenig oder mangelhafte Bildung gilt.